築地　魚の達人

魚河岸三代目

小川貢一

集英社文庫

目次

築地 魚の達人

魚河岸三代目

貢一３歳のころ。両親と箱根で。

父·小川靖浩。1990年魚河岸水神社例大祭にて。

1956年1月。
父方の祖父·
関根金次郎。

２歳。
母方の祖父·小川静と。

1960年6月、築地波除神社大祭。
羽二重の誂え半纏姿。

1976年、サンフランシスコ旅行。

2003年、妻・平野 文と「堺静」にて。

第一章　築地の歴史を「堺静」一家を通して知る

はじめに

僕は、今年、還暦を迎えました。その年に築地《つきじ》市場の移転が騒がれることに、何だか少し運命めいたものを感じます。築地魚河岸《うおがし》三代目に生まれ、築地で育ち、そこで働いてきた僕だからこその、魚に対する思いや、その魚を扱う人々の暮らしや思いを何らかの形で残したい、そう思い筆を執《と》りました。

築地で働いて四十年の僕流の魚の見極め方や、魚に慣れていなくてもできる簡単魚レシピ、築地で働く人たちのちょっと粋な心意気、築地市場ならではの行事など、僕の知るとっておきのエピソードを書いています。僕の家族や子供時代、アメリカ留学など少し気恥ずかしい昔の話も入っていますが、改めて思い起こすといつもそこには「築地らしさ」があったような気がしています。人の温かみや美味《おい》しい魚と一緒に。

市場の移転で、築地の街も少し様変わりするかもしれません。でも、僕が見聞きしてきた歴史は変わらないし、そこに息づく人たちも変わりません。この一冊を通して読者の皆さんが、今よりもっと築地や魚に興味を持っていただけたら嬉《うれ》しいです。

三代目誕生

昭和三十一（一九五六）年、僕は男ばかり三人兄弟の長男として小田原町《おだわらちょう》一丁目、現在の築地七丁目で生まれました。江戸時代、小田原の漁師たちを呼び入れ、住まわせたことからそう呼ばれていた町です。

いまや魚の町として日本はもちろん世界でも有名になった築地の魚河岸ですが、かつては日本橋《にほんばし》に魚河岸がありました。

僕のおじいさん、小川静《おがわしずか》は、その日本橋の魚河岸で「堺金《さかきん》」という屋号の魚問屋の番頭をやっていました。当時は、まだ現在のような魚市場の制度もないころで、大正十二（一九二三）年の関東大震災の年に、その制度が作られました。

魚を一般の鮮魚店や料理店に売る「仲卸《なかおろし》」と、産地から魚（荷）を集めてくる「荷受会社」、いわゆる「大卸《おおおろし》」とに分かれたのです。

昭和十年に日本橋から築地に魚河岸が移されたとき、築地市場の開設とともに、おじいさんは仲卸の会社を創業しました。かつて番頭をやっていた「堺金」から「堺」の一字をもらい、そこに自分の名前、静をくっつけて「堺静《さかしず》」としました。その「堺静」をオヤジが、そして、僕が継いだので、僕は「築地魚河岸三代目」ということになるのです。

おじいさんは僕が七、八歳、ちょうど昭和三十九（一九六四）年の東京オリンピックのころに亡くなりました。六十七歳でした。糖尿病を患《わずら》っていたこともあって、すでに引退をしてオヤジに仕事を任せていましたが、最期は脳溢血《のういっけつ》で倒れて、そのまま息を引き取っています。

僕が覚えているおじいさんは、声を荒らげることもなく、いつも穏やかで、その名の通りもの静かな人でした。

僕は、おじいちゃん子だったので、子供のころからいろいろなところに連れていってもらいました。物心つくかつかないかという幼いころから、ふらっと気軽に歩いていけるような近所の寿司屋《すしや》に行って、カウンターに座って、お寿司を食べさせてもらったのも、その一つです。

おじいさんは食べることが大好きで、中でも、お寿司が大好物でした。

でも、糖尿病で食べるものに制限があったし、お酒も止められていたらしいのです。それで、僕をダシにして寿司屋通いをしていたのではないかと、あとになってオフクロに聞きました。

僕が小さいころから魚が大好きで、「千秋《ちあき》」という店をやってきたのも、おじいさんのＤＮＡをしっかりと引き継いでいるからかもしれません。そんな気がします。

屋号「堺静」

オヤジは、「堺静」の婿でした。オヤジの実家は高級鮮魚を扱っていて、そこの次男坊でしたので、オフクロのところに婿として来たのです。

オヤジのほうのおじいさんは、俳句をたしなんでいました。暇さえあれば本を読んでいるような人でしたから、知的な雰囲気を持っていた人だというのが、僕の中に残っているおじいさんのイメージです。

オヤジとオフクロは僕の母校でもある地元の明石《あかし》小学校の同級生で、二十歳《はたち》をすぎてから大恋愛をして、二十二歳の若さで結婚したのです。

二人が結婚したころ、「堺静」は干物を専門に扱う仲卸でした。ただ、オヤジは鮮魚に詳しかったので、のちに干物は番頭さんに任せて鮮魚をやるようになったのです。

オヤジは、もちろん仕事は誰よりも一生懸命やる人でした。それでも、オフクロは、

「お父さんが遊びに使ったお金を取っておいたら、銀座にビルの一つや二つは楽に建っていたわ。普通の人なら離婚よ。あたしだから持ったの」

というのですから、相当な遊び人だったことは間違いないでしょう。

もともと築地の魚市場で働く人たちは、昔もいまも遊び好きな人が多いのです。仕事は朝十時には終わってしまいますから、それから先は、まったくのフリー。それぞれが誘い合って、午後からは現在の有明《ありあけ》テニスの森公園にあった東雲《しののめ》ゴル

フ場にゴルフに行ったり、マージャンをやったり、いろいろとやっていたのです。ウチのオヤジは、全部やっていました。しかも、清元《きよもと》を習っていて、お座敷遊びもたしなんだのです。

小川家でいまでも語り草になっているエピソードがあります。父方のもの静かで知的な雰囲気のあったおじいさんも、結構な遊び人だったのですが、あるとき、柳橋《やなぎばし》だか向島《むこうじま》だかのお座敷で静かに飲んでいたところ、真っ昼間だというのに、隣りがあまりにもうるさい。さすがに温厚なおじいさんもカチンと来たらしくて、仲居さんに、

「うるさいから、ちょっと一言注意してきてくれ」

と頼んだら、

「隣りのお部屋にいらっしゃるのは、おたくのご子息ですよ」

といわれたのです。

オヤジは、息子の僕から見ても歌舞伎役者みたいな感じの、いい男でした。

僕のカミさんも、初めてオヤジに会ったとき、オールバックのロマンスグレーの髪にウェーブがかかっていて、鼻も顎《あご》もスッとして、目は二重《ふたえ》の切れ長という

風貌を見て、これは女性が放っておかないと直感したといいます。たしかに若いころは相当モテたらしいです。

オヤジ

一緒に働くようになるまで、オヤジとは週に二回くらい夕食で顔を合わせるという程度でした。何しろ、朝四時には仕事に行ってしまいましたし、遊び人でしたから、家にもめったにいませんでした。いま思ってみると、いったい、いつ寝ていたんだろうと不思議なくらいです。

そんなオヤジでしたが、市場が休みの日曜日には家族の朝食を作ったりしていました。とはいえ、オヤジは呑兵衛《のんべえ》でしたから、もともとは自分の酒の肴《さかな》を作るのが目的だったのです。

それでも朝早くから起き出して用意をし、できると、

「おい、飯できたぞ」

といって、僕ら兄弟を起こしにきたものでした。

もちろん、オヤジが作ったのは魚を使った料理でした。でも、何が美味《おい》しかったというのは、あまり覚えていません。ただ、基本的には酒の肴になるようなものが多かったので、辛かったり、しょっぱいものがほとんどだったように思います。どこの家庭でも母親と娘は仲が良く、いつも一緒にいてべたべたしているものです。

しかし、父親と息子というのはまったく違います。別に仲が悪いわけではなくても、お互いに意識していて、息子からすると、父親は何となく煙たい存在というのが普通でしょう。

僕もそうでした。オヤジのことが嫌いというわけではありませんでしたが、つねに煙たい存在でした。

一緒に働くようになっても、オヤジから魚の目利きだとかそうしたことは一切教わったことがありません。もし、僕が何か聞いたとしても絶対にまともには答えてくれなかったでしょうから、こっちから聞こうとも思いませんでした。

僕がいまでも感心しているのは、オヤジは何だかんだといってもすごい努力家だったということです。家には魚に関する本や図鑑がたくさん置いてあって、いつもそれを読んで勉強していました。

家にいるときは、よそでは見せないような難しい顔をして、本と向かい合っていました。

「俺のやっていることをしっかり見て、自分で覚えろ」

オヤジの背中は、つねにそういっていました。

僕にとって、オヤジは仕事上のいちばんのライバルでした。ですから、どうやって超えてやろうかとオヤジを意識しながら、一生懸命やっていたわけです。いまの僕がオヤジを超えられたかどうかは分かりません。ただ、オヤジは六十六歳で死にましたから、とりあえずは六十七歳までは生きたい。そうすれば、オヤジを超えたことになるのではないかと、自分ではそんなふうに考えています。

オフクロ

僕のオフクロは、まさに「築地のおかみさん」を絵に描いたといっても過言ではない、面倒見がよくて、きっぷのいい女性です。八十三歳になったいまでも、元気に築地の町を闊歩《かっぽ》しています。

オヤジ、そして、僕をはじめとした三兄弟の小川家の男たちは誰もがオフクロには頭が上がらず、さんざん好き勝手をやっていた遊び人のオヤジも、完全にオフクロの尻に敷かれていて、いま考えると、オフクロの手の上でうまく操られていたようでした。その意味でいえば、オフクロのほうがオヤジより一枚も二枚も上手《うわて》だったかもしれません。

そんなオフクロでしたから、周りの人たちもオフクロのことを冗談で「会長」と呼んだりしていたものです。社長を尻に敷いていたから「会長」というわけです。

さっきもいいましたように、オフクロは「堺静」という仲卸の家の娘として築地で生まれ育ってきた人でしたから、築地と仲卸の何たるかをとことん知り尽くしていました。そして、昔もいまも、オフクロが守り抜いているのが「男は店を、女は家を仕切る」ということです。

僕が子供だったころ、「堺静」には何十人もの従業員がいて、なかには住み込みで働いている地方出身の若い者が何人もいました。「家を仕切る」ということは、僕たち三兄弟はもちろん、そうした従業員たちも家族同然にきちんと面倒を見るということです。

とはいえ、それは、僕らが考えていたほど簡単なことではなかったでしょう。おそらく気を遣わなくてはいけないこと、人知れず彼女を悩ませたことが、それこそ山のようにあったはずです。

ところが、オフクロは、どんなときでもつねに笑顔で生き生きと「家を仕切って」いたのです。


オフクロが「築地のおかみさん」としての力をいかんなく発揮する場面を、僕は折に触れて何度となく目にしてきました。

年末に店や事務所、神棚の掃除を終え、しめ飾りやお供え物の準備、お札の張り替えを済ませるのはオフクロの仕事でした。

新年の準備も見事です。オフクロは女性の従業員や三兄弟それぞれのカミさんに何十個もの段ボールを並べさせます。そして、その箱の中に、カニや数の子、蒲鉾《かまぼこ》、伊達巻《だてまき》などといった正月用の食品を、一箱ずつ指示して、次々に詰めさせていくのです。

それは従業員全員や親戚、嫁や従業員の実家、さらには、友人や知人に贈るためのものなのですが、僕がビックリしてしまったのは、その数の多さもさることながら、一つ一つの中身が、贈り先の好みや家族構成によってすべて違っていたということでした。

人に何かを贈ることは簡単です。しかし、ここまで気を遣うというのは、なかなかできることではありません。

そんな面倒くさいことを嫌がるどころか、嬉々《きき》としてやっていたオフクロは、自分の親ながらすごいなあと思いました。

そして、もう一つ、恐れ入ったのが、僕が見合いをして結婚することになったときでした。

僕が、仕事仲間のある人の紹介でお見合いをしたのは平成元（一九八九）年の五月のこと。そして、それから一カ月もしないうちに、オフクロは僕と、その後、僕のカミさんとなる彼女に向かって、突然、

「ところで、あんたたち、結婚式は、いったいいつにするの？」

といい、唖然《あぜん》として何もいえなかった僕たちに、さらに、

「こういうおめでたいことは早いほうがいいのよ。もたもたしていたら、式場がいっぱいになっちゃうから、さっさと押さえておくもんよ」

といって、あちこちに電話をかけ始めたのです。

数日後、オフクロから電話がありました。

「あんたたちの結婚式、十月二十八日に決まったわよ」

小川家は長年、築地で仕事してきましたし、オヤジが組合の副理事長だとか、全国の仲卸の組合の役職をやったりしていましたので、そういう仕事関係の人たちを多く招待したこともあって、披露宴は六百人もの人数になってしまいました。その手配やホテルとの交渉、打ち合わせなど、全部一人でやってのけたのがオフクロでした。

まさに見事に「仕切って」みせたのです。

築地っ子

昭和三十八（一九六三）年、僕は小学校に入学しました。入ったのは地元の中央区立明石小学校です。

当時、築地には小田原町一丁目、二丁目、三丁目がありました。どういうわけか、そこで学区が分けられていました。僕の家族が住んでいた小田原町一丁目（現在の築地七丁目）は明石小学校、小田原町二丁目、三丁目（現在の築地六丁目）は築地小学校（現在の京橋築地小学校）ということになっていたのです。

そのころの明石小学校は一クラス三十人で、一学年三クラス。築地以外には明《あか》石町《しちょう》、湊町《みなとちょう》や入船町《いりふねちょう》から通ってきていた子もいましたが、一学年あわせても百人もいませんでしたから、クラスが違っても誰もがみんな顔見知りの、仲のいい学校でした。

明石小学校は、いまでもあります。僕が卒業したあと、子供の数が減って生徒数が大幅に減少したこともあったようですが、最近になって築地界隈《かいわい》にマンションが増えたこともあって、生徒もクラス数も再び多くなっています。

オヤジは家のこと、子供のことはすべてオフクロに任せていたから、一切何もいいませんでした。

しかし、教育熱心だったオフクロは、僕を中学から有名私立に入れたくて塾に通わせました。いまでこそ小学校低学年のころから塾に行くのは当たり前になっていますが、当時は学習塾といっても日進（日本進学教室）とか四谷大塚《よつやおおつか》とかしかなくて、通っている子供もそんなにはいませんでした。

ただ、築地の子たちは私立の中学を受験しようという子が多くて、みんな塾に通っていたのです。僕も小学校五年生のときから日進に通っていました。

特に、そのころの築地市場の仲卸の家では、子供を有名私立に通わせている家庭が結構ありました。仲卸というのは、歌舞伎や角界と似たようなところがあって、いわゆるタニマチ的な存在の旦那衆を何人も持っていたり、日銭が入るので、それなりにお金に余裕がある家が多かったから、子供を有名私立に入れることが一種のステータスになっていたのかもしれません。

それに、当時は戦争が終わって十五年以上が経《た》ち、食べることに精一杯だった人たちも、戦後の経済成長期の波に乗って生活が豊かになり、子供の教育に力を入れることができるようになってきたという社会の状況も影響していたかもしれませんね。ですから、何もウチのオフクロだけが教育熱心だったというわけでもないでしょう。

ただ、僕は受験に失敗し、有名私立中学に入れたいというオフクロの願いを叶《かな》えてあげることは、残念ながらできませんでした。

学生時代

有名私立中学校の試験に落ちた僕は、千代田区立一橋《ひとつばし》中学校に入学しました。当時、千代田区には一橋のほか、麴町《こうじまち》、九段《くだん》、今川《いまがわ》、練成《れんせい》と全部で五つの区立中学がありました。都立日比谷《ひびや》高校が東大合格者数で何年も続けて全国一になるなど、都立高校のレベルがきわめて高かった時代。日比谷高校を受けるためには千代田区立の中学を卒業していなければならず、オフクロは有名私立から路線を変更して、僕を日比谷に入れようと一橋中学に越境入学させたのです。

中学ではバスケットボール部に入りました。ただ、小学校のときから、スイミングスクールにずっと通っていたので、校内の水泳大会で水泳部の連中に勝ったりしたため、夏だけは水泳部から勧誘されて大会に出たりしていました。

中学生になると、夏休みや春休み、年末年始などのまとまった休みのときには家の仕事を手伝うようになりました。

　といっても、せいぜい荷物番をやったり、それほど重くない荷の箱を運ぶ程度のことでしたが、魚屋の家に生まれた僕でしたから、魚の名前ぐらいは分かっていました。ですから、

「アジを持っていけ」

　とか、

「イワシを持ってこい」

　とかいわれても、少なくとも食卓に出てくる魚なら間違えることなく見分けることができたのです。

　そもそも自分ではまったく覚えていないのですが、オフクロの話だと、幼稚園に入る前からサンマの時期ともなると、僕は座布団を引きずりながら、

「サンマー、サンマー、サンマ安いよー」

　といって家の中を回っていたそうですから、子供のころから知らず知らずのうちに覚えていたのでしょう。

高校は都立赤坂《あかさか》高校に通いました。

あのころ、都立高校は学校群制度を採用していて、受験者はそれぞれの学校ではなくて群で試験を受け、合格者を学力が平均になるように群内の高校に割り振るというシステムでした。

僕は赤坂高校、城南《じょうなん》高校、八潮《やしお》高校の第十二群を受けて、本当は城南高校に行きたかったのですが、回されて赤坂高校になったのです。

当時の赤坂高校は普通科が一クラスしかなくて、一学年四クラスのうち、三クラスが商業科。しかも、その商業科はほとんどが女子生徒という学校でした。

一橋中学という進学校から入った僕は、そんな環境もあってか勉強には身が入らなくなり、学校生活のほうをすっかり楽しんでしまいました。

クラブ活動は中学同様、バスケットボール部に入りました。しかし、三年生が卒業したとたんに人数が少なくなって、チームができなくなってしまいました。それで、今度は生物部に所属して魚類チームに入りました。

生物部の顧問の先生がすごく面白い人だったのと、一つ年上の先輩で魚に興味を持っている人がいて、その人に誘われたのがきっかけで入ることにしたのです。

ただ、生物部といっても、やっていたことといえば、先輩と一緒に三浦《みうら》半島へ釣りに行って、それをレポートにまとめるという遊びのようなこと。ですから、楽しい部活でした。

それで、そんなことをやっているうちに、大学に行って魚に関する研究をしたいなと思うようになってきて、どこの大学がいいかを調べたりしました。

ところが、僕は赤緑色弱で、当時は、水産学部や海洋学部はもちろん、理系の学部では受験に不利なことが分かったのです。

僕は文系に進むことはまったく考えていなかったので、たまたまアメリカに行く話が出て、文系の大学に進むぐらいだったら、アメリカに行きたいなと思いました。

後継者

僕には子供のころ、オヤジから面と向かって、

「家の仕事を継いでくれるよな？」

と聞かれたことや、

「俺の仕事を継げ」

と強制された記憶はまったくありません。

築地の魚市場で長年商売をしている家の長男として生まれたのだから、当然、家業を継ぐものだと、オヤジは当たり前に考えていました。それは、たとえていえば、歌舞伎役者の家に生まれた子供が自然と歌舞伎役者になるようなものでしょう。

高校生になると、休みのときには自分の家やほかの仲卸の店でバイトをして、自分の小遣いを稼いでいました。

三年生のときには、オヤジがケガをしたことがあって、毎日朝四時に市場へ行って仕事を手伝って、六時に帰ってきてから着がえて学校に行っていたこともあります。ですから、市場の仕事は、決して嫌いではなかったのです。

そのことに対して僕に抵抗はありませんでしたが、それでもまだ十代という若さでしたから、自由に好きなことをやってみたかったのです。そこで、

「一年間だけ行かせてほしい。帰ってきたら家の仕事をする」

という約束で、オヤジにアメリカに行かせてもらいました。

昭和五十（一九七五）年、僕がアメリカに行ったとき、オフクロの遠い親戚にあたるおじさんがワシントンＤＣにいたので、アメリカの生活に慣れるために、まず一カ月間そこで過ごすことにしました。

ところが、このおじさんというのが結構厳しい人で、

「せっかくアメリカに来たんだから、自分の足でどんどん歩け。家にいたんじゃ何も分からないぞ」

といって、バスの乗り方だけを教わって、あとは辞書を片手に、ダウンタウンやスミソニアン博物館など一人であちこち行かされました。

そのうちに別の知り合いがニューヨークにいて、遊びに来いというので、アムトラックという向こうの鉄道に乗ってワシントンからニューヨークまで行って、さらに地下鉄を乗り継いで訪ねていったこともあります。

英語もろくにしゃべれないのに、よくそんな勇気があったなと自分でも感心してしまいます。いま思えば、もうなるようにしかならないし、よっぽど変なことをしなきゃ殺されることもないだろうという開き直った気持ちになれたことがかえってよかったのかもしれません。

その後、ワシントンのおじさんの紹介で、僕はカンザスシティに行って、そこの短大の短期コースで英語の勉強をすることになりました。このカンザスシティでの生活は楽しくて、いまでもときどき、懐かしく思い出すことがあります。たとえば、カンザスシティは自然がいっぱいの田舎《いなか》でしたから、ハンティングの権利を買ってヤマバトとかカモを撃ったりしました。最初に、田舎道のトウモロコシ畑の間の誰も来ないようなところにコーラの缶を置いて練習するのです。十八歳で平気で銃を撃てるところがアメリカのすごいところ。それは、なかなかできない経験でした。

カンザスシティの生活を大いに満喫していた僕でしたが、一つだけ不満なことがありました。それはカンザスシティは海のないところですから、日本にいたころのように、いろいろな魚を食べる機会がほとんどないということでした。スーパーマーケットに行っても、魚といっても、せいぜいサーモンぐらいしかないのです。

そこで、サーモンの切り身を買ってきて、ソテーにしたり解凍して刺身にしたりして食べていましたが、日本にいたころに食べていた魚とは、やっぱりどこかが違います。そのときだけは日本の魚、いや、ウチが扱っている魚が恋しくて仕方がありませんでした。

オヤジとの約束の一年があっという間にすぎて、あまりのアメリカの楽しさに、僕は、オヤジに、

「もうしばらく、こっちにいたい」

と、いいました。

ところが、オヤジの、

「冗談いってんじゃねえぞ。約束は約束だ。さっさと帰ってこい」

の一言で却下された僕は仕方なく、車を売り、そのお金で当時いちばん安かったホノルル経由のチャイナエアラインで、早朝の羽田《はねだ》に帰ってきました。

久しぶりに家に帰り、朝食を作ってくれるというオフクロに、

「何が食べたい？」

と聞かれた僕は、考える間もなく、

「アジの干物！」

やっぱり血は争えません。僕は築地魚市場の倅《せがれ》だったのです。

アメリカから帰ってきて息つく間もなく、帰国の翌日から僕は築地の魚河岸で働くことになりました。

一年間という短い期間ではありましたが、それでもアメリカでいろいろと見聞きしてきた中で、いちばんショックだったのは向こうのサラリーマンたちが自分を高く評価してくれるところがあれば、そこが同じ業界のライバル会社であっても平気で移っていってしまうということでした。

日本でもいまでこそ終身雇用が崩れて、アメリカ流の考え方が当たり前になっていますが、僕が就職した昭和五十年代は、一度入った会社には定年になるまでお世話になるのが当たり前という時代でした。

しかも、僕が働き始めたとき、市場のなかには無駄なこと、不合理なことがたくさんありました。

そこで、もっとシステマティックにできないものかと思って、自分なりに考えたことをオヤジにもいろいろと提案してみたりしたのですが、

「馬鹿いってんじゃねえよ。そんなこと、この築地でできるわけがねえ。築地に

は築地のやり方があるんだ」

と、ことごとく拒否されて、僕の考えは何一つとして受け入れてもらうことはできませんでした。

最初のうちは、それがどうにも不満で仕方がなかったのですが、仕事をしているうちに、僕にもやっと分かってきました。

その当時、日本の商売で物の売り買いというのは「企業と企業」というよりも、あくまでも基本になるのは「人と人」なんだと。そして、多くのことは「義理と人情」で成り立っているんだと。

築地というところは、特にその傾向が強いから、合理的にビジネスをやるというのは、少なくとも築地の中では絶対に無理だということを痛感したのです。

築地の中にいる人たちは、誰もがみんな家族のような感じで、たとえば、何かあったときにはすぐに助けに行こうといった気持ちが強いのです。もちろん同業者ですから、ライバルであることは間違いないのですが、それでも何かというとみんなが親身になって相談に乗ったり、協力したりするわけです。

「おい、よっちゃんよ」

「なんだい、まーちゃん」

それぞれが自分の会社に帰れば、会長、社長と呼ばれている六十代、七十代の人たちが、まるで小学生のように、お互いを「ちゃん」づけで呼び合ったりしているのが、ここ築地のよさなんじゃないかと思います。何十年も築地が廃《すた》れることなく成り立ってきたのは、そんなところにも秘密の一端があるのではないでしょうか。

家業

昭和十（一九三五）年におじいさんが始めた仲卸「堺静」は、オヤジの代になって鮮魚を扱うようになるのですが、当初は塩干物《えんかんもの》専門の問屋でした。

塩干物とは、塩漬けしたり、日干ししたりして加工した水産加工食品を指します。アジの干物やウルメの丸干し、シラス干し、干しスルメ、クサヤなど基本的には干したものをすべて扱っていました。

昭和五十一年、アメリカから帰ってきた僕が仕事を始めたとき、「堺静」は干物と鮮魚の両方を扱っていました。そこで、僕はまず干物を十年間、産地に行ったりして徹底的に勉強しました。それは、自分が売る物に関してちゃんとした知識がなければダメだと思ったからです。

築地では干物のことを「合物《あいもの》」といいます。なぜかというと、完全に干した塩干と鮮魚の間なので、本来は「間物」といっていたのですが、いつしか「合物」と呼ばれるようになったと聞きました。ですから、干物の組合のことも「合物業界」といっています。

僕が干物を十年間勉強して実感したことがあります。それは「干物は完成された立派な料理」であるということです。

きちんと仕上げられた干物であれば、買ってきて、ただ焼くだけで何もしないで美味しく食べることができるのです。

しかし、同じアジの干物でも、干し方や塩かげんが違うと、味わいがまったく違ってきます。つまり、いくら元の素材である魚がよくても、干物にするまでの加工方法が悪ければ、絶対に美味しい干物にはならないというわけです。

こうして、干物を学ぶことで魚の奥深さを知った僕は、今度は鮮魚の勉強を始め、魚の魅力にますます取りつかれていきました。

結婚

平成元（一九八九）年十月、三十二歳になっていた僕は、永い春に終止符を打って結婚しました。僕は決して独身主義を貫いていたというわけではなく、たまたま、そういうご縁がなかったのです。

そのころ、二人の弟はすでに家庭を持っていて、長男の僕だけが独り者でした。市場の人間は、どちらかというと若くして結婚する人が多く、三十歳をすぎて独身という人間はあまりいませんでした。ですから、仲卸の先輩たちからも、

「いつまで独りでいるつもりなんだ？　築地じゃあ、家庭を持って初めて一人前なんだぜ。早く結婚しろよ」

と急《せ》かされていたので、僕自身もそろそろと考えていました。

そんなとき、僕が入っていた場内の自衛消防隊の隊長に、

「紹介したい女性がいるんだけど、会ってみないか？」

と声をかけられました。

僕としては何の問題もない申し出でしたが、よくよく話を聞いてみると、相手はタレントの平野文《ひらのふみ》さんだというじゃないですか。

何でも、平野さんはＮＨＫの番組レポーターとして一年間築地に通っているうちに、すっかり築地が気に入り、仲卸組合の広報を担当していた隊長に、

「築地に嫁に行きたいので、誰か紹介してほしい」

という話をしたのです。

そもそも隊長自身、彼女の申し出を本気だと思っておらず、何カ月か放っておいたのです。

ところが、彼女が何度も真剣な表情で催促してくるので、それじゃあということで、消防隊の副隊長だった僕に、白羽の矢が立ったというわけです。

ただ、彼女には申し訳ありませんでしたが、そのときの僕は平野文という名前を聞いたこともなければ、彼女が『うる星《せい》やつら』という人気アニメのラムちゃんの声を担当していて、多くのファンを持っているということもまったく知りませんでした。

それに、タレントさんが見合いなんて本気なのか、冷やかしか、隊長に対する社交辞令なんじゃないのかと思っていましたし、彼女は僕より一つ年上ということで、この歳《とし》になって姉さん女房をもらうというのもなあ……と、僕はあまり乗り気ではなかったというのが正直な気持ちでした。

ですから、最初は、ただ単に隊長の顔を立てるつもりで深く考えもせずに、お見合いにＯＫしたのです。

お見合いは五月二十五日、東京會舘《かいかん》でした。

その前に、カミさんは消防隊の集合写真を隊長から渡されて、僕のことを見ていました。当時の僕はいまよりも太っていて、写真を見た彼女には、特に太って見えたのです。

結婚後にカミさんから聞くと、

「結婚相手に条件はないけれど、唯一ダメだったのがデブ。写真を見た瞬間、私の中の築地の生粋《きっすい》の江戸っ子のイメージがガラガラと崩れて、気が進まないままに、お見合いに臨んだのよ」

ということでした。

当日、お見合いの席に集まったのは僕とカミさん、隊長、ＮＨＫのディレクター、そして、彼女の学生時代の友人の五人。写真で見ていた僕が、実際に会ってみると思っていたよりも太っていなかったことで、初対面の印象は決して悪くなかったといいます。

しばらくみんなで話をした後、彼女と二人で食事に行くことになっていました。僕は、事前に永田町《ながたちょう》の知り合いのフレンチを予約していました。相手はタレントさんで、初めてだからフレンチがいいだろうと思ったのですが、それをいうと、彼女は、

「私はフレンチより和食がいい」

といい出したのです。

普通なら初対面の相手が用意をしておいたら、それに従うものなのに、彼女は、自分の意思を伝えてきました。最初、僕は内心、

（こいつ、わがままいいやがって）

と思いましたが、いま振り返ると、彼女の、そういうはっきりしたところが逆

によかったのかもしれません。

ただ、いきなり和食がいいといわれても、そのころ弟がやっていた和食の店に、彼女を連れていくというわけにはいきませんでした。オフクロがその店を手伝っていて、隊長からオヤジには、僕がお見合いをするという話は伝わっていましたが、オフクロには何も話していなかったからです。

どうして、オフクロには内緒にしていたのかといえば、オフクロは会長と呼ばれていたほど、小川家の誰もが頭の上がらない存在です。そこで、オヤジが、

「かあさんは、とにかくうるさいから、いまはまだいうな。もし、話がある程度進めば、そのときに話せばいいし、ダメなら見合いしたことも黙っておけ」

といったのです。

何しろ、お見合い相手が同じ仲卸や取引先の娘さんというのならまだいいとしても、住む世界のまったく違うタレントさんだということを知ったら、オフクロが、

「あんたたち、何を考えているの」

といって怒るだろうことが容易に想像できたからです。

それで結局、知り合いの寿司屋に行くことにして、食事をしながら、弟が和食

屋をやっていてオフクロが店を手伝っているという話をしました。

すると、彼女は、

「どんな店なのか見てみたい」

といい出しました。

まあ、外から見るだけならいいだろうと思って連れていったら、あろうことか彼女が店に入っていって、そこでオフクロと会ってしまったのです。

まずいことになったなあ、オフクロが何というやらと思っていたものの、オフクロと彼女は初対面にもかかわらず、いきなり意気投合してしまったようで、オフクロは怒るどころか、

「あんたには年上の、ああいうしっかりした人がいいんだよ」

とまでいい出す始末。オヤジや僕たちがいろいろと気を回したことは、まったくの無駄になってしまいました。

それでも、僕は彼女のほうから断ってくるのではないかと思っていました。何しろタレントさんだから、一般の女性とは人生観も結婚観も違っているのではないかと考えていたのです。

ところが、お見合いから二週間ほどして二回目も友人を交えて会い、六月の中旬くらいになって初めて二人だけで東京ディズニーランドにデートに行って、乗り物を待つ間にいろいろと話をしているうちに、お互いに、この人なら……と思うようになりました。

こうして、お見合いから一カ月もしない六月には結婚を前提に付き合うことを決めたのです。そして、そこから先は、先の項でも書いたように、オフクロがすべて取り仕切って、その年の十月に結婚式を挙げることになったのです。

結婚して間もなく三十年になります。いろいろなことがありましたが、助け合いながらやってきました。月日が経つのは本当に早いものです。

バブル崩壊

日本列島がバブル景気に浮かれていたころ、築地にもその波が押し寄せてきました。どうして、こんな値段でも買い手がつくんだと、こちらがビックリするほど高いものでもどんどんさばけていきました。一匹二万円、三万円もするタイも売れていきました。

「堺静」の取引先も、それまでは町の鮮魚店や小料理屋といった個人営業のところが中心でした。それがバブルのころからスーパーや百貨店、飲食のチェーン店との取引がどんどん多くなっていき、そうなると、毎日定期的にさばける魚の量は、以前とは比べものにならないくらい増えました。もちろん、売り上げも飛躍的に伸びていきました。

そのときは平成元年に結婚して、仕事も順調にいっていて、僕にとって「いい時代」だったのです。

ところが、そんなあるとき、毎月かなり大きな額の取引をしていた鮮魚店とトラブルが起こり、その取引がなくなったことに加えて、平成十二（二〇〇〇）年五月、オヤジが突然死んで、僕が代表取締役になった途端、バブル崩壊後の債権処理に躍起になっていたメインバンクから借金の返済を迫られました。大きな社会問題にもなった、いわゆる貸しはがしです。オヤジが借りていた借金を返さなくてはならなくなったわけです。

それでも何とか一生懸命頑張って、約二年半返していったとき、今度は取引先の中でいちばんの大手だったスーパーがM&Aされて、交渉の甲斐もなく取引がゼロになってしまいました。

その上、ときを同じくして、番頭格として、ある程度の営業を任せていた人間二人が、ほかのところからヘッドハンティングされて取引先を持って移ってしまったので、売り上げが一挙に半分くらいになってしまったのです。

こうなると、毎月の返済はもうできませんし、銀行に新たな借り入れを頼んでもまったく聞いてもらえません。二カ月間いろいろな人に相談し、そろそろ引きどきだろうと判断して平成十五年の七月、廃業を決意しました。

そのとき、僕は四十六歳でしたが、いままでの人生では間違いなくいちばん辛《つら》い時期でした。

仲卸として、おじいさんの代から三代にわたって築地で掲げてきた看板を下ろすというのは、本当に大変なことだと実感したのも、一カ月で十キロ以上痩《や》せたのも、この時期だったのです。

昭和十（一九三五）年から続いてきた家業の廃業を決意し、まさに人生のどん底を味わっていた僕は、もちろん落ち込むだけ落ち込みました。これから僕はどうしたらいいのか、先がまったく見えない暗闇の中で、途方に暮れていたといってもいいかもしれません。

そんな僕に向かって、オフクロが、こういいました。

「なってしまったことをいつまでも悔やんでいてもしょうがない。廃業すると決めたからには、まずは従業員の次の就職先をちゃんとして、それから、お世話になった人たち、借金を残してご迷惑をかけている人たちに頭を下げて回りましょう」

僕にとって、ありがたい一言でした。

当時、十数名の社員がいました。みな若くて、まだまだ将来がある人間ばかりでした。中には結婚していて小さな子供を抱えている者もいました。

そこで、取引先や仲卸の仲間に頼み込んで、何とかすぐに全員の再就職先を決めることができました。

そうなると、次は、僕自身が今後どうするかということです。

僕は築地で三十年近く働いてきました。それだけに、魚とはまったく縁のない仕事に就くことはまず考えられませんでした。

しかも、年齢だって、間もなく五十歳に届こうかという、若くはない年代です。ですから、いまさらまったくの未知の世界に飛び込もうという気持ちは、さらさらありませんでした。

しかし、だからといって、次にやるべき魚関係の仕事が、すぐには見つからなかったのです。

そのとき、僕にとって救いになったのはカミさんの一言でした。

「私の稼ぎで半年や一年ぐらいだったら、あなたを食べさせてあげられるから大丈夫よ。だから、処理するべきことをちゃんとやって、次に何をやるかは、それからゆっくりと考えればいいわ」

この言葉には、ものすごく勇気づけられました。いまでも僕は感謝しています。

三十年近く築地で仲卸の仕事をやってきて、その間ずっと魚と向き合ってきましたから、もちろん僕は、それなりの魚の知識を持っていました。魚のことなら誰にも負けないという自信もありました。

ですから、ある大手のスーパーからバイヤーにならないかという話もありましたし、大卸の会社から、魚をいろいろなところに売るときのアドバイザーとして、ウチの営業マンたちの指導をしてくれないかという話もありました。どちらも、そうやって声をかけてくださるというのは、とてもありがたいことで涙が出るくらい嬉しいことでした。

そのときの僕は、改めて自分が、これから先、何をやっていきたいかを真剣に考えていました。

僕が魚を料理して、それを食べた人がおいしかったといって喜んでくれることが自分としては、いちばん楽しいことでしたので、これからの人生は、そういうことをやっていきたいなと考えました。

それで、あちこちから声をかけていただいていた仕事の誘いを全部お断りして、こんな店を作りたいという僕の構想に賛同してくれた人たちと一緒に、魚料理のお店を立ち上げる準備を始めました。

実際に店をオープンするまで準備に要したのは約一年。

そして、平成十六（二〇〇四）年十二月、築地四丁目、築地の交差点のところにあるビルの一階に「魚河岸三代目　千秋」という店をオープンしました。

店名は、当時、僕が監修をしていた漫画『築地魚河岸三代目』の中で、主人公・赤木旬太郎《あかぎしゅんたろう》の店「魚辰《うおたつ》」の番頭・英二《えいじ》の奥さんがやっている小料理屋の名前が「ちあき」だったので、そこから取りました。

最初はカウンターだけの小さなお店でしたが、足しげく通ってくれる常連のお客さんも増えてきて、店が手狭になったので、平成十八年一月、同じビルの地下に「魚河岸三代目　千秋はなれ」を開店しました。もちろん、こちらも魚料理専門店です。

僕は開店して以来ずっと「千秋」で出す料理は素材が命だと思っています。素材そのものの美味しさをどうやって引き出し、お客さんに楽しんでもらえるか、それが基本だと考えてきました。

さらにもう一つ、僕がこだわってきたのは値段です。

世の中には美味しい魚を食べさせてくれる料理店はたくさんあります。ただ、そうした店の中には値段がやたらに高かったり、一品の量が、びっくりするほど少なかったりする店もあります。

僕にいわせれば、値段が高ければ美味しいのは当たり前。美味しい魚を誰もが納得する値段で提供してこそ、お客さんも喜んでくれると思っています。

ですから、「千秋」は魚には絶対の自信を持っていて、しかも料金は普通の店に比べて、おそらく二割から三割は安くなっているでしょう。これはすごく大事なことだと僕は思うのです。

僕は、自分では魚の素材の味がいちばんよく分かるのは刺身と塩焼きだと思っています。ですから、「千秋」でお客さんに食べていただく料理は、それが基本になります。

オヤジも、

「魚の味がいちばんよく分かるのは、塩焼きだ」

といっていました。

というのも、塩には魚の身から余計な水分を追い出して身を引き締めるとともに、雑味をなくして旨《うま》みを引き出してくれるという効果があるからです。ですから、塩焼きは美味しいのです。

ただし、当然、素材によっては煮つけや唐揚げなどほかの料理が合っているものもあります。ですから、毎日市場に行って実際に魚を見て、素材にもっともふさわしい調理をするように心がけてきました。

しかも、さっきも書いたように、値段はなるべく抑えて、です。そのための努力を僕は、もちろん毎日やってきました。

僕自身、長いこと仲卸の仕事をしていましたから、仲卸さんの気持ちは、それこそ一から十まで何でも手に取るように分かっています。

仕入れするとき、僕が毎朝八時半と比較的遅い時間に行っていたのも、仲卸さんの気持ちを考慮し、できるだけ安くいい魚を仕入れたいからです。

場内は八時くらいまでが忙しくて、八時半ともなると一段落しています。仲卸さんたちも、今日も間もなく仕事が終わりだとホッとしていて、あとは多少安くしてでも残った魚をさばいてしまおうと思っているときです。

ですから、あえてそんな時間帯を狙っていけば、まだ売れていない魚の中からいいものを選ばせてもらって、しかも、値段も安くしてもらえるというわけです。

「千秋」がいい素材を扱っていながら、お客さんに料理を安く提供できた秘密はここにありました（もちろん、それは、僕に魚を見る目があるからできたのだと自負していますが）。

朝、仕入れに行く際には、その日に入っているお客さんの予約をチェックして、いまの時期、刺身ならこれ、焼きものならこれ、煮魚ならあれがいいかなと、メニューをいろいろ考えておきます。予約のお客さんが常連の方だったら、その方の顔を思い浮かべながら、あの人は、これが好きだから買っておこうとか、この間はこれを食べてもらったから、今日はあれにしようとか、そんなことも頭に入れておきます。

とはいっても、市場に行ってみたら狙っていた魚がなかったり、あってもあまりにも高くて手が出ないということもありました。

しかし、そういうとき、何も買わずに帰ってくることはまずありませんでした。ないならないでしょうがない、それなら、これにしようと、その場でメニューを変更していました。そんなことはしょっちゅうでした。

僕は事前に予約をしてくださるお客さんには、

「どんなものを食べたいですか？」

「刺身か焼きか、どんなふうにして食べたいですか？」

と必ず聞くようにしていました。

そのとき、お客さんから○○が食べたいといわれても、

「それは時期じゃないので、いまなら○○のほうがおいしいですよ」

とアドバイスするようにしてきました。

「千秋」でいちばん人気のある、サバの味噌煮《みそに》のように一年中置いている定番メニューも大事ですが、お客さんに飽きられないためにメニューにも変化をつけていかなきゃいけない面もあります。

店をやっていると、そういう大変さはありましたが、それが逆に、僕のやりがいにもつながっていたと思うのです。今は店を退きましたが、店に来てくださるお客さんたちと過ごす時間はとても楽しく、かけがえのないものでした。


家庭で魚を調理して食べることも多いでしょう。そのとき、素人がおいしい魚を選ぶのは難しいと思っている方も多いはずですが、決してそんなことはありません。基本的なポイントさえしっかり覚えておけば、誰だっておいしい魚を選ぶことができるのです。

一尾買いの場合、まず第一に「目」をチェックしなければなりません。魚の鮮度は真っ先に目に表れるからです。眼球全体がぷっくりと盛り上がっていて、黒目がしっかりしているのが新鮮な証拠。特に刺身で食べたいときは必ずチェックしておきたい大事なポイントになります。

次に確認したいのが魚の全身です。厚みがあって、指先で軽く触ると張りのあるものがお勧めです。

また、鮮度が落ちてくると、どうしてもエラの部分が黒ずんできます。赤くてきれいなエラのものを選ぶようにすることも覚えておくといいでしょう。

刺身にしやすいような大きさのサクや切り身を買う場合にもチェックすべきポイントがあります。

決め手になるのは身の透明感です。鮮度が落ちると水分がなくなって身の色が濁り、乾いた感じになってきますので、そうしたものは避けたほうがいい。

また、骨や筋の部分からの身割れが目立ったり、皮と身の間が黒ずんでいるのも鮮度が落ちている証拠。手を出さないほうが無難でしょう。

スーパーなどで売っている刺身の盛り合わせを買うときは、厚みがバラバラなものは避け、均等で見た目が美しいものを選ぶようにすれば、まず間違いはありません。

いずれにしても、魚は新鮮さが命です。一尾買いでもサク買いでも、買ったら早めに調理して食べることが大切。魚によっては鮮度が落ちやすいものもあるので、余計に注意が必要です。

最後に「旬」と「初もの」について触れておきましょう。

旬とは、その魚をもっともおいしく食べることのできる時期のことを指します。たとえば、冬の魚として知られているブリは、十一月から二月が旬といわれていますが、基本的に魚は産卵期の前になると脂がのっておいしくなるのです。

これに対して、初ものは旬の出始めや走りのことをいいます。よく知られているのは初夏の風物詩ともなっているカツオです。

その昔、初ものが大好きだった江戸っ子たちは、「初ものを食べると七十五日長生きする」といって、高い値段を払ってでも買い求めたのです。

しかし、初ものが、はたして本当においしいのかどうかとなると、それはいささか疑問です。

むしろ最近は、海水温や潮流の変化などによって初ものが出始める時期が微妙に異なっていることもあり、そんなにおいしいとは限らないことが多くなっています。

初ものの時期よりも旬を待ってから食べたほうが、より美味しく味わえます。

『築地魚河岸三代目』の監修

「築地を舞台にした漫画がやりたいんですよ。協力してもらえませんか？」

そういって、小学館から担当者が、カミさんのところにやって来たのは、平成十一年の暮れでした。

カミさんは僕と結婚してから、『平野文の今日のメニューはさかなかな？』、『築地市場のさかなかな？』といった素人目線の魚の本を書いていて、そのご縁で、カミさんに監修のオファーがきたのです。

ただ、カミさんは、

「築地のことや魚のことなら、私よりも旦那のほうがよく知っているから」

といって僕を推薦して、漫画のアドバイザーとか監修という仕事は、まったくやったことがありませんでしたが、よく知っている魚の世界や築地のことということで、引き受けました。

ところが、フタを開けてみて、僕の考えが甘かったことがすぐに分かりました。二週間に一回、原作者が描いた原稿を読んで、それにチェックを入れて、

「築地ではこんないい方をしないよ」

とか、

「この魚はこうじゃないよ」

とか、いろいろとアドバイスをするというのが僕の役回りだったのですが、これが結構大変でした。

もちろん、毎号多くの読者の目に触れるということですから、間違ったこともウソも書けません。

(これは本腰を入れて、かなり本気でやらなければならないぞ)

と思って、僕には相当のプレッシャーになりました。

平成十二年五月、『築地魚河岸三代目』の連載がスタートしました。

当時は同じグルメ漫画の『美味《おい》しんぼ』が人気を集めていました。僕にも担当編集者にも『美味しんぼ』に負けないような作品でありたいという思いがあって、本当に真剣に取り組みました。

おそらく、それがよかったのでしょうか、『築地魚河岸三代目』は多くの読者を得て、その後、連載が約十三年も続き、単行本が四十二巻まで発行されるという人気の作品になりました。

しかも、平成二十年には大沢たかおさん、田中麗奈《れな》さんの主演で映画化もされました。

僕自身、何年続くかと半信半疑で始めたものでしたが、まさかここまで続くとは夢にも思っていませんでしたし、その反響や僕に与えた影響は想像していた以上でした。

漫画『築地魚河岸三代目』の監修をやらせてもらって、僕にとってよかったことは、もう一度改めて魚と向き合い、魚の勉強をすることができたということでした。

監修の話が舞い込んできたとき、僕は二十年以上も築地で働いているベテラン選手でした。自分では、仲卸の仕事のこと、魚のことで知らないことはないと思っていました。

ところが、いざ監修を始めてみると、自分では分かっていたつもりでも、正確に答えられないことや間違って覚えていたことが、いろいろとあったりしました。

たとえば、北海道の釧路《くしろ》にトキシラズの取材に行ったときのことです。トキシラズというのは、春から夏にかけて獲《と》れる貴重なサケのことで、地元では高級食材として食通の間でとても人気がある魚です。

現地の目利きのプロは、水揚げされるトキシラズに品質を保証するタグをつけていくのですが、僕が見て、脂がのっていそうで絶対に間違いないと思えるトキシラズにタグがついていなかったのです。

どうしてなのか不思議に思って尋ねてみると、目利きのプロは、

「これは歯があるのでダメなのです」

といいます。

さらに詳しく聞いてみると、産卵が近づいたトキシラズは歯が鋭くなって出てきますが、歯がないときのほうが、より美味しいのだそうです。

その目利きの方法は知らなかったので、とても参考になって漫画にしました。それから、金沢に行って、ガスエビを取材したことも貴重な体験として、いまも僕の記憶に残っています。

東京の方は、ガスエビといってもなじみがないでしょうが、金沢に行くととてもポピュラーで、生でも焼いても美味しいと、地元の人たちが大好きなエビです。僕も名前は知っていましたが、刺身で食べるのは初めてで、食べるとアマエビよりもはるかに美味しいその味わいにはビックリしました。

このガスエビが、どうして築地には入ってこないのかというと、鮮度落ちが早いからです。エビだけを専門に扱っている仲卸で聞いても、

「ガスエビ？　ああ、あれはダメだよ。ちょっと鮮度が悪くなると臭くなって、だから、ガスエビっていうんだよ。たしかに旨いことは旨いけど、見た目もよくないし、ウチじゃ扱いたくないなあ」

といっていました。

そこで、北は秋田から南は島根あたりまでで獲れるガスエビのほとんどが金沢に集まってきて、そこで消費されるというわけです。

築地には入ってこない魚、僕の知らない魚もまだまだたくさんあるのです。そして、現地に行ってみないと分からないことも多いのです。

そうした現実は僕にとって、ある意味でショックでもありましたが、そこで考えを改めて、もう一度、魚のことを勉強し直そうと思ったのです。

そして、そこで得た新たな知識は、僕にとって大きな財産になりました。

もう一つ、漫画のおかげで、僕にとってプラスになったことがあります。それは人脈が広がったことです。

仲卸のころ、自分と同じものを扱っているところには知り合いがたくさんいました。でも、それ以外の食材のところでは顔は知っていてもせいぜい挨拶する程度で、深い付き合いをしたことがないというところも少なくありませんでした。

ただ、当時はいまよりももっと専門色が強かったのです。この魚のことならこの人に……ということが結構あったので、漫画の連載が始まって取材をお願いしてから親しくなったということも多くなりました。

仲卸からいまの仕事になって地方に行ったりすると、水産関係の人の中には、あの漫画のことを知っている人もたくさんいます。それまでは何となく他人行儀であっても、僕があの漫画のアドバイザーであることを知ると、相手の態度が違ってきてすぐに打ち解けて仲良くなれます。そういう点でも、あの漫画にはとても感謝しています。

築地の外での修業

漫画の監修もそうでしたが、僕にとって魚を扱う仕事をしていく上で、ものすごく勉強になったことがもう一つあります。

それは、取引先の神奈川県大和《やまと》市のスーパーから依頼され、そこに出向して働いたということです。

僕は、それまでにも、ほかのスーパーなどで売り出しの手伝いをしたり、ある大きな鮮魚店では包丁を握って、バックヤードで魚の下処理や切り身を作る手伝いをしたりしたことが何度かありました。

しかし、僕の長い人生の中でも、毎朝きちんとスーツを着て定期券を持ち、満員の通勤電車に揺られて職場に行くというのは、あとにも先にもそのときだけです。

自宅から田園都市線の中央林間《ちゅうおうりんかん》までは一時間ちょっとかかります。それが朝晩、月曜日から金曜日まで毎日続くのですから大変といえば大変でした。しかし、いままで築地という限られた場所しか知らなかった僕には見ること聞くことのすべてが新鮮で、いま思い返しても楽しい日々でした。

このとき、僕が勉強になったと感じたのは、いろいろと魚の話をしたり、魚の料理を教えたりしながら、お客さんたちとの直接の接点がいっぱい生まれて、目の前で魚を買う人を見ることができたということです。

この魚を売り場に並べたとき、お客さんは、いったい、いくらだったらお金を出して買ってくれるのか、それを目の当《ま》たりにできたことが何よりも勉強になり、その後の僕の大きな財産になりました。

そもそも仲卸をやっている人間には職人気質《かたぎ》の持ち主が多かったので、口には出さないまでも、

（俺の魚を見る目は誰にも負けない自信がある。俺は、これだけいい魚を扱っているんだ。それが分からない人間は買ってくれなくてもいい）

と、そんなふうに考えている者が少なくなかったのです。

いま思うと、僕にもそういうところがあったかもしれません。

しかし、スーパーでの経験が僕の考え方を変えてくれました。

スーパーの売り場に立っていると、いろいろなお客さんが買い物にやって来ます。その中で、五十代六十代の年配の主婦の皆さんは昔ながらの、マンツーマンの鮮魚店のやり方をご存じのせいもあってか、僕が、

「今日はこの魚がいいですよ。こうやって食べたら美味しいですよ」

と声をかけるのを待っているような気がしていました。売り場でのコミュニケーションを求めているのです。

ところが、若い主婦たちは、売り場の人間から魚の情報を聞きたいと思っている人もいれば、それがわずらわしいと思っている人もいます。むしろ、僕ら売り場の人間とはかかわりたくないと思っている人のほうが多いかもしれません。

そうした消極的な人たちに対して、僕は少しでも心を開いてもらい、魚に対して関心を持ってもらいたいと考え、店頭での簡単な料理教室を開いたりもしました。

最初のうちは足を止めてくださる方も少なかったものの、そのうちに多くの方

が参加し、楽しみにしてくださるようになりました。

この経験も、いまの僕が仕事をしていく上で、大きな財産になっています。それにもう一つ、いい魚だからと、少々値段が高くても自信を持って仕入れても、それがお客さんのところに行くと値段がネックになって買ってもらえないことがあることを、スーパーの現場で知りました。

もちろん、価格を決めるのは売り手の人間ですが、そこにはお客さんのニーズがあって、それに応じた価格設定にしなくては意味がないこと、お客さんの目というのは、ことのほかシビアだということを思い知らされて、ものすごく参考になりました。

築地とは一味違ったスーパーでの勤務は、僕にとって新鮮で、とても楽しく充実した毎日でした。

ところが、働き始めて半年ほどして、オヤジにがんが見つかって、僕は急遽《きゅうきょ》、築地に呼び戻されることになりました。

この章の最後に、僕の知っている築地の歴史について簡単に書いておきます。

その歴史をいろいろと繙《ひもと》いていくと、築地というのは面白いところであることが分かります。

そもそも築地という町ができたのは江戸時代、浅草橋《あさくさばし》にあった本願寺《ほんがんじ》が、当時最大の被害を出した明暦《めいれき》の大火で燃えてしまったことによります。本願寺を再建するための場所として隅田川《すみだがわ》の河口であったところを門徒たちが中心になって埋め立てて、新たな土地を築いたのです。それで、地を築く＝築地という地名がついたというわけで、当初は本願寺の寺町でした。

その後、築地には大名の別荘や武士の屋敷、外国人のための居留地が作られ、幕末に幕府が軍艦操練所を開設したことを機に関連施設が建てられ、海軍の街として知られることになりました。

明治元年には、日本で初めての西洋風ホテル「築地ホテル館」が出来、明治五年には外国人のための本格的な西洋料理店をもつ「精養軒《せいようけん》ホテル」が開業し、そのころは異国情緒あふれる町だったようです。

そんな築地が魚の町として発展するきっかけとなったのが関東大震災でした。日本橋にあった魚河岸が大きな被害を受けて、当初、築地に仮設の市場を作る予定だったのですが、築地の立地が良いことを理由に、新しい中央卸売市場を正式に築地に作ることになりました。そのため、築地に市場ができるまで、芝浦《しばうら》に仮設の市場が作られたのです。

築地の立地の良さの理由は、当時は汐留《しおどめ》が国鉄の貨物ターミナルであったこと、立地的に近い築地に引き込み線を引き、スムーズな物流が行われたのです。

また、水運の面も考慮して、隅田川のそばの築地に新しい市場を作ろうということになったのでしょう。

それに、もちろん水揚げされた魚は海から持ってくるものですから、海に近いということも築地に市場ができた大きな要因になったと思います。

それでも時代が進んで、これだけの自動車社会になると、何も海の近くでなくてもいいということになってきます。

豊洲《とよす》への移転について、それがいいとか悪いとかいうつもりはまったくありません。それは時代の流れというものでしょう。

でも、築地から市場がなくなってしまうのはやっぱり寂しいことです。

第二章　築地の秘密

築地場内

築地の場内《じょうない》で働いている人間は、普通の人たちとは、半日ぐらいサイクルがずれているといってもいいでしょう。とにかく、朝早くから仕事があるので、夜は八時か九時には寝て、二時か三時に起きるという生活が毎日続きます。ですから、普段の日に飲みに行ったり、何かをするということはまずできません。僕が働いていたころは、毎週日曜日、祝日が休市なので、その前日に遊びに行く程度です。

その後、市場の方針で水曜日が月に何度か休みになりました。

市場では、もともと水曜日は休みではありませんでした。少なくとも僕が市場で働くようになったころ、昭和五十年代の初めころは、そうではありませんでした。ちょうどバブルのころだったと思いますが、日曜祝日に加えて月に何度か水曜日が休日として増えました。

労働環境を改善して少しでも一般社会に近づけ、若い働き手を増やしたかったのでしょう。まだ若かった僕も休みが増えて嬉《うれ》しかったことをよく覚えています。

築地市場には全国の産地から魚（荷）を集めてくる「大卸《おおおろし》」（荷受会社）と、その大卸から魚を仕入れて、それを一般の魚屋や料理屋に売る「仲卸《なかおろし》」があります。

現在、大卸は七社で、仲卸は約六百社です。

僕が仲卸のころは、仲卸業者は千社くらいありました。

僕の家「堺静」は仲卸でしたが、大卸から魚を仕入れるためには毎朝行われる「競《せ》り」に参加しなければなりません。もちろん一般の人は競りには参加できませんが、最近はその様子がテレビや雑誌などで紹介されることも多くなったので、どんな雰囲気で行われるのかをご存じの方もいるはずです。

当時は、その種類が半端ではなく多くて、鮮魚一つを取っても細かく分けられていました。まず大きく分けて、近海ものと遠海ものがあり、それから特種ものというものがあります。これは寿司種《すしだね》や料理店向けの魚を指します。カニ、イカ、カキなども鮮魚扱いです。大卸を通じて毎日の競りに出されるというわけです。

このほかに、エビはエビだけの組合があり、競りが行われています。

いま、鮮魚といいましたが、たしかに鮮魚でありながらその中には入れない魚があります。それはマグロです。

マグロは「大物」と呼んで別格に扱っています。マグロは、体も金額もほかの魚に比べて飛び抜けて大きいですから、たしかに大物というにふさわしい存在です。

仲卸の中で特に多いのがマグロ専門という店です。当時、千軒ほどあった仲卸の店の中で四百店はマグロ専門でした。その話はあとで詳しくしましょう。

競り

競りは魚を売る競り人と、魚を買おうとする人との、いわばプロ対プロの真剣勝負といってもいいでしょう。

僕もかつては毎日、競りに出ていました。最初は競り歴何十年という経験豊富な番頭さんにくっついていって、彼の一挙手一投足をとにかく、しっかり見て勉強していました。僕が初めて一人で競りを任されるようになったのは、市場に入ってたしか四年目くらいだったと記憶しています。一年や二年ではとても無理です。

毎回の競りは一台の競り台に競り人が一人と、その隣りに、どこの店がいくらで買ったのかを記録する記帳人がいて、二人で仕切っていきます。魚の種類やその日の状況にもよりますが、通常、競り台に集まる仲卸の人間は約三十人。それぞれが狙った魚を瞬時のうちに次々に競り落としていくというシステムです。

競りに参加するためには、屋号が書かれた札を付けた「競り帽」という帽子を必ずかぶっていなければならないというルールがあります。

つまり、誰でも自由に参加できるというわけではありませんが、逆にいえば、競り帽さえかぶっていれば誰でも、まったくの素人であっても競りに参加できるのです。ですから、魚のことなら何でも知り尽くした、この道何十年という大ベテランもいれば、まだ勉強中の若者もいますし、最近は女性も増えてきて、以前に比べると競り台も華やかになってきているそうです。

基本的に、競り帽は一店舗に一つということになっています。したがって、市場の中に二十店舗持っているような大きな仲卸の店ともなると競り帽が二十個あって、同時にいろいろな競り台でいろいろな魚が買えるというわけです。

ともあれ、競りはその日その日が違っていて、同じ日は二日とありません。昨日はいいタイが入っていたからといって、今日も同じようないいタイが入ってくるとは限りませんし、昨日は一尾二千円で買えたタイが、魚の質は同じなのに今日はライバルがいるので、倍の四千円出さないと手に入らないこともあります。

そうなると、こちらも商売ですから売り先のことを考えると、いくらいいタイでも買えないということになってきます。

そのときどきの状況に応じて、瞬時に判断するのが競りの醍醐《だいごみ》味であり、また同時に難しさでもあると僕は思っています。

競りに臨むためには、日々の勉強と経験が何よりも大切です。

僕が競りに出ていたころ、毎日欠かさずやっていたのは新聞やテレビの天気予報をチェックすることでした。天気が下り坂で時化《しけ》になりそうだと思えば、二、三日魚が消えて相場が上がりそうだから、ちょっと余計に買っとかなくちゃなとか、そんなことを考えながら競りに行きます。

とはいえ、売るほうにも状況は分かっていますから、先方としては一円でも高く売りたいはずです。そうなると、僕としては値段のことも意識して、昨日はキロ二千円だったけど、いくらまでなら買おうと、そんな作戦を事前にしっかり立てておくのです。それがひじょうに大事です。

さらに、意識しておかなくてはならないのが、ウチの魚を買ってくれる魚屋や飲食店などのお客さんの立場です。

たとえば、料理店だと、秋のこの時期にサンマがないと格好つかないとなれば、少々値段が高かったとしても無理して買うことになります。

しかし、だからといって、値段があまりにも高ければ、お客さんも二の足を踏んでしまうでしょう。ですから、僕もお客さんのニーズをちゃんと把握し、懐具合まで考えて仕入れてくるように心がけていたものです。

競りのとき、自分の思いだけで買ったら絶対に損をします。

これはいい魚だから、この値段の価値はあるなと思って買っても、お客さんがそれを認めてくれなければ何の価値もないのと一緒です。ですから、その辺の判断を誤ってしまうと、たくさん仕入れたのに、売れ残ったりすることもありますから、競りは本当に難しいのです。

しかも、苦労して手に入れた魚を店に届いてからよくよくチェックしてみたら、思っていたほど質がよくなくて、失敗した買い物だったということもあります。たとえば一尾五百円で仕入れて、七百円で売ろうと思っていた魚が、二百円でしか売れないといった場合です。それは誰のせいでもなく、自分の目利きが誤っていたと反省するしかありません。

競りは、まさにギャンブルそのもの。日々ギャンブルの連続といっても決して過言ではないでしょう。

鮮魚を扱っていたとき、在庫を持つという発想はありませんでした。鮮魚だけ扱っていればいいのなら、商売はまだ楽です。

ただし、冷凍物や干物、この時期しか獲《と》れない季節商品の場合は一年を通しての在庫を持たなくてはならないこともあります。そうなると、一年間に、どれだけの魚が売れるのかということを予測しながら、その間の金利や保管しておく冷蔵庫代などを原価計算して仕入れをする必要がありますから、話が急にややっこしくなってくるわけです。

しかも、鮮魚であれ干物であれ、自分が扱った商品に責任を持たなくてはいけないのは、当然のことです。

そしてもう一つ難しいことは、自分が扱っている鮮魚を全部が全部、確認することができないということです。

そこで、僕が意識してやっていたのは、自分でその魚を買って料理し、味を確かめることです。

また時々、自分のお客さんつまり売り先に行って、そこでお金を落として、お酒を飲みながら、自分が売った魚を実際に自分で食べてみるということでした。

それは、お客さんの店の売り上げになるわけですから、営業の一つでもありました。そうやって自分自身で確認することで、そのお客さんに、この間のあれはこうだったから、今度はこっちをどうですかといって勧められますし、これなら、あの店に持っていったら喜ばれそうだと、ほかの店に営業するときの参考になったりもします。

いくら経験を積んで魚の目利きになったとしても、その魚が本当においしいのかどうかは、食べてみて初めて分かることです。

だからこそ、自分が大卸から買って、お客さんに売った魚というのは自分自身の舌で確認すべきだと僕は思います。

それは仲卸から立場を変えて、飲食店をやるようになったときにも、そしてこれからも変わらない、僕の基本的な考え方です。

仲卸の資格

仲卸として築地の市場で営業するには、営業の権利、いわゆる鑑札《かんさつ》が必要です。鑑札は東京都の認可で、要するに、東京都の認可を受けないと築地では営業ができないということです。

魚市場が日本橋から築地に移転してきた当初には鑑札という制度はありませんでしたが、戦後になって、いわゆる仲卸法という法律ができて、鑑札が登場してきました。

鑑札自体には値段がありません。もともとはタダなのです。ただ、築地で営業する業者は限られた数しか認められませんから、もし、新たに築地で商売を始めようと思えば、すでに鑑札を持っている会社から譲ってもらわなければなりません。すると、そこに需要と供給の関係が生まれ、初めて価値が出てくるということになります。

それは、ちょうど大相撲《おおずもう》の年寄株《としよりかぶ》のようなもので、数が決まっていて、欲しい人と譲りたい人の間で売買されるところは、まさに一緒です。

鑑札は、通常、高額で取引されているようです。

ところが、僕がビックリしたのはバブルのころ。当時は高価な魚が毎日飛ぶように売れて、仲卸の会社は、どこものすごい売り上げを記録していましたが、そのとき鑑札一枚が、驚くような値段だったようです。

つまり、それだけ払っても、仲卸の権利を持っていたほうが得だというわけで、それだけ儲《もう》かっていたのです。

もちろん、バブルが弾《はじ》けて世の中が不況になると、鑑札の値段も下がりました。

ところが、今回の豊洲への移転が正式に決まったとき、鑑札の値段も上がったとかで、築地でも大きな話題になりました。

マグロの仲卸

先にも競りはギャンブルだといいましたが、中でもいちばんのギャンブルをやっているのはマグロの仲卸でしょう。何しろ、僕が扱っていた鮮魚とは、桁《けた》が二つも三つも違っているからです。

三十年前、僕が毎日競りに行っていたころ、仲間のマグロ仲卸の人間が、当時の高級車を例に出して、

「今日はちょっと奮発しちゃったよ。クラウン二台だよ」

と、よくそんな会話をしていました。

たとえば、二百キロのマグロをキロ三万円、六百万円で競り落とした、というようなことです。

マグロは市場で「大物」と呼ばれているだけに何百万円の値がつくのは当たり

前、ときには一千万円を超えることも珍しくありませんし、それこそ正月の初競りのときは新年のご祝儀ということもあって、テレビのニュースとして取り上げられることさえあります。それぐらい高価な魚なのです。

そして、そんなビックリするような価格の魚を買うというのに、その判断は尻《しっ》尾《ぽ》の一部分の切り口を見て、脂がのっているとか、色がどうだとか、経験と勘だけを頼りに値段をつけるわけです。

ところが、買ったマグロを割ってみたら、思っていた以上に脂ののりがよくて、買った値段の何倍もの価値があったという嬉しい誤算がある反面、身が焼けていてダメだったということも珍しくないのです。

身が焼けているというのは、身質が変わっているということです。マグロは普通、獲ってから血抜きをして、すぐに氷水の中に浸けます。

しかし、その処理の仕方が悪かったりすると、体温が上がって六〇度ぐらいになって身が変化してしまうのです。それは尻尾のところだけを見ても分からないことで、マグロを扱っている人間は、

「マグロは下ろしてみて初めて値段が決まるんだよ」

といいます。

だからこそ、マグロを扱うのはギャンブルだというわけです。

世界中で獲れるマグロの二割が日本で消費されているほど、大人も子供も、そして男性も女性も日本人はマグロが大好きです。築地には現在約六百軒の仲卸店がありますが、そのうちの約半数、三百軒近くがマグロ専門店ということからも、いかにマグロの需要が多いかが分かるでしょう。

日本でのマグロ消費が伸び、築地にマグロ専門店が増えていったのは、戦後、それも昭和の高度経済成長期以降、昭和四十年代になってからのことです。

というのは、この時期になって冷凍技術と保存技術が進歩したため、世界中にマグロを獲りにいっても獲物を超低温の冷凍設備で品質を落とすことなく保存できるようになったことで、おいしいマグロを安定して扱える業者が増えたから。

そして、それと同時に高速道路が整備され、全国のあちこちにマグロを短期間で流通させることができるようになって、スーパーや回転寿司のチェーン店などんどん増えていき、マグロの消費量が飛躍的に伸びていったのです。

そうなると、たしかにマグロという魚はリスクも大きいものの、量を扱うところはそれなりのうまみもあって、いろいろと大きく店をどんどん広げていき、築地のマグロ専門仲卸店も増えていったというわけです。

いま、マグロというと、トロが高級とされて値段も高くなっていますが、僕が子供のころ、昭和三十年代は、どちらかといえば、赤身のほうが高級とされていました。

当時は冷凍マグロというのはそんなに多くなく、生のマグロの流通がメインでした。

マグロは脂が酸化すると味が悪くなります。そうなると商品価値はなくなりますから、当時は脂身の少ない赤身が高価なものとして扱われることになったのです。

魚をめぐる技術の進歩が日本人の味覚を変えたという例は少なくありませんが、その一つが、このマグロといえるでしょう。

もちろん、僕もマグロが大好きです。いちばんはやっぱり刺身。僕はあまりお酒を飲まないので、おいしいマグロだったら、ご飯と一緒に食べたいです。

赤身でも中トロでもどっちも好きです。甘みを楽しみたいならトロ、旨《うま》みを味わいたいのなら赤身がお勧めです。

符丁

競りに参加したときには、「符丁」という同業者内や仲間内でのみ通用する言葉が使われることがあります。ほかの人に知られてはまずいことを話すときに使う暗号のようなもので、それは築地だけではなく、証券会社や銀行、デパートなどどこにもあるはずです。

競りでは、競り人と仲卸業者の間で主に、「てやり」と呼ばれる指の符丁が交わされ、卸売り価格が決定されます。

このように、築地の市場での「符丁」は数字を置き換えたりするときによく使われていました。

競りのときの使用のほか、仲卸とお客さんの間でも交わされる場合もあり、店によって、符丁の種類も一種類ではなく、何種類もあったように思います。

たとえば、僕が競りに出て、ある大卸から魚を買うときに使ったり、それをお客さんや店の人間に話すときに使ったりしていました。

魚の金額は、前にも書いたように、お客さんとの付き合いの度合いや、注文を受けていたものか、その日に注文されたものかなどの違いや、買いにくる時間帯などによって変わってきます。もちろん、その日の競りの様子によっても違います。ですので、同じ魚を売る際、こうしたことに細心の注意を払う必要があるときにも符丁で話すことはありました。

何種類もの符丁を覚え、それを自由自在に操れるようになるのはなかなか大変です。一年や二年ではできないかもしれませんが、日々の仕事の中で身に付けていくことの一つだったように思います。

ただ、皆がこの符丁のもつ意味を理解するようになったこともあり、現在では、ほとんど使われなくなっています。

数字にまつわることでいうと、僕が「千秋」にいたときにも符丁ではありませんが、数字に関することでの決まりごとがありました。それはお皿に料理を盛りつける際、盛りつけの数は、必ず奇数にするということです。

これは中国の『易経《えききょう》』という古い文献の中に奇数を「陽の数」、偶数を「陰の数」とする記述があり、奇数はおめでたい数・吉慶《きっけい》をもたらす数とされています。その考え方が日本にも伝わり、現在も根強く残っているというわけです。

自分が目利きした魚を、美味《おい》しく、そして気持ちよく食べていただきたい、そんな気持ちをこめて、こうした考えを踏襲していました。

市場言葉

符丁とは別に、市場でしか通用しない言葉もあります。たとえば、市場の人間は、普段から当たり前のように「デブロク」という言葉を使っていて、

「このアジはデブロクだよね」

といったりします。

おそらく、一般の人には何のことかまったく理解できないでしょう。

デブロクとは、一箱に入っている魚のサイズが揃《そろ》っていなくて、大小が入り混じっていることを意味しています。

しかし、それをどうしてデブロクというのか、その語源がどこにあるのか、その辺のことは僕にもまるで分かりません。ただ、何十年も前から築地で使われていた言葉であることは間違いないです。

その昔、魚は箱単位で一箱いくらといって買われていました。ですから、目利きの場合には、箱の中にどのぐらい入っているか、どういうサイズが入っているかということを見抜くことが必要だったのです。

僕が市場に入ってすぐのころ、タイが箱に入れられていて、それを箱で競ることがありました。

一見したところ、サイズは、ある程度は揃っているようでした。それでも大小があったりすると、売るときに値段が安くなってしまいますから、その辺は慎重に見なければなりません。

とはいっても、箱の中の魚を一匹残らずすべてチェックするということはできませんから、もし、自分が二百グラムのサイズのタイが欲しいとなると、一箱に十キロぐらい入っていたら、バーッと数えて五十尾入っていれば、大体二百グラムぐらいで揃っているなと思って買うのです。

ところが、よくよく見たら、三百グラムぐらいのタイが入っているかと思えば、百グラムにも満たない貧弱なタイが混じっていたりします。そうすると、

「あれはデブロクだったよ」

と、いったりするのですが、本当の目利きであれば、そのとき、

「デブロクだから安くしろよ」

と交渉できるのです。

このほか、干物を扱っていたときには「セメ」という言葉を毎日使っていました。

セメとは、セグロイワシ（カタクチイワシ）の目刺しのこと。おそらく、これだって説明をしなければ、一般の人には何のことやらまったく分からないでしょう。

築地の一日

すでに述べたように、築地で働いている人間の生活サイクルは、普通の人とは

だいぶ違っています。かつて僕が仲卸の仕事をしていたころの一日を例に挙げて紹介してみましょう。

築地の一日は、まだ夜も明けない深夜に始まります。

午前二時に起きると三時ごろまでには市場に出勤し、前日に注文された魚を七時ごろにはお得意さんが取りに来るので、六時くらいまでに揃えます。

八時にはそれが終わり、そのころは個別に魚を買いに来るお客さんに対応します。

取りあえず出勤してここまで五時間、午前八時をすぎるころにはどうにか一段落して、このときには、朝ご飯代わりにパンをかじったり、おにぎりを食べたりしながら仕事をします。

十時から十一時になると、翌日の入荷状況が分かるので、それを荷受会社に聞きに行きます。

十一時前後が、いわゆるランチタイムで、場内の食堂などに行ってしっかりしたものを食べます。

そして、ランチが終わると、荷受会社から仕入れてきた午前中の情報を午後二時くらいまでに、各取引先にファックスで伝えるとともに、その日の売り上げをチェックします。

それが終了すると、だいたい午後三時前後で、その日というか一日の仕事が終わって帰宅します。出勤が午前三時ですから、約十二時間の勤務ということになります。

しかし、仕事はこれで終わりというわけではありません。自宅に帰ってもやらなくてはならない大事なことがあるからです。

それは夕方、六時から七時ごろまでに、それぞれのお得意さんに注文を聞く仕事です。当時は電話やファックスがメインでした。

そして、その注文を表にまとめて、仕入れの担当者の自宅にファックスするのが午後九時ごろ。それが終わると寝るというのが、普通のパターンでした。

市場は日曜祝日と月に何度か水曜日が休みです。ですから、休み前にあたる土曜日と火曜日はお得意さんに情報を流すことがないので、その分は楽でした。

しかし、水曜日には木曜日分の情報を、日曜日には月曜日分の情報をお得意先に流さなくてはいけないので、休みの日であっても荷受会社から来たファックスのチェックを交代でやったり、さらに、普段の仕事の合間には組合や消防隊の会議があったりして結構忙しく、自分の時間がなかなか取れなかったことを覚えています。

もちろん、僕が仲卸をやっていたころは、パソコンもなく、もっぱらファックスが頼りでしたが、いまはラインやメールが主流になって仕事もずいぶん楽になっているようです。それでも、一日の流れはいまも昔も変わりません。

市場の店舗移動

築地市場では四年か五年ごとに必ず、仲卸の店舗移動が行われていました。それは、たとえていえば伊勢《いせ》神宮の遷宮《せんぐう》のようなもので、決められた数日間のうちにすべての仲卸の店舗が場所を移動するという、何年かに一度の築地の一大イベントでした。

店舗移動の間、市場の機能はどうしても全面的にストップしなければならなくなりますから、多くの場合はゴールデンウィークか、市場が何日か続けて休みになるときを狙って行われました。

たとえば、ゴールデンウィークの五月の三日、四日、五日が休市で、その三日間でやろうということになると、二日の業務が終わった昼十二時、まず自分のところの荷物を出します。すると、大工が来て壊してから新しく建てて、今度は電器屋が来て設備の設置をして、完成すると、最後に看板がつけられて……、それが市場内のあちこちでトンタンカンタン三日間続くわけです。

その光景たるや、東京中の大工、電器屋が築地にやって来たのではないかと思えるほどに壮観でした。

しかし、それでいながら連休が明けると、みんな普段通り何事もなかったように仕事をしているのです。

ただし、これまでとは場所がまったく変わってしまいますから、いつも魚を買いに来てくれるお客さんが戸惑ってしまったり、取引先の店舗が、どこに移ったのかが分からなくなるという不便さは当然のことながら出てきます。

そこでしばらくの間は、新しい店舗の地図を見ながら動くことになります。場内には一応、番地が決められていますので、お客さんには前もって、一般家庭の

転居のように、

「今度ここに移りますから」

と知らせておくのですが、それはそれで、結構手間がかかるものなのです。

それにしても、どうして、こんな面倒くさいことをするのかというと、場内の衛生面と店舗の平等性のためです。

四、五年同じ場所で営業していると、どうしてもいろいろとゴミが溜《た》まって不衛生になりがちです。そこで、移動することによって市場の汚れをきれいにし、場内の衛生面を維持しようというわけです。

そしてもう一つ、場内は店の場所によって人の流れが全然違ってきますから、それは売り上げにも大きく関わってきます。

しかも、それが四年も五年も続くのだから大変です。

各店舗の平等性を保つこと、それも「築地遷宮」の大きな狙いなのです。

場内の店舗は扇形に広がっていて、場所ごとに広さが違っています。

たとえば、面積が大きくて競り場にも近い上に、人通りが多い大きな通りに面している場所が必ずしも、お店にとっていいとは限りません。

それぞれのお店によって、望む場所が違うのです。

では、移動する場所はどうやって決めるのかというと、公平を期するため、すべて抽選ということになっています。

まずは場内をいくつかのブロックに分け、どのブロックに移るかの抽選があり、その後で、今度は、そのブロック内の場所を決める本抽選になります。

抽選の結果、望まない場所に移るようなことになったとしても、もちろん、それに対して異議を唱えることはできません。否《いや》も応もなく受け入れるしかないのです。それが決まりですから。

数年に一度のこととはいえ、やっぱりくじ運がよくて、いつもいい場所が当たる店もあれば、逆に、悪い場所ばかり当たってしまう店もあります。毎回、築地を舞台に、まさにプロ野球のドラフト会議さながらの、一喜一憂のドラマが繰り広げられるのです。

「抽選の結果は神のみぞ知る」ということなら、「神様にすがるしかない」と考えるのでしょうか、抽選前ともなると、いつにも増して場外にある波除稲荷神社《なみよけいなり》をお参りする人が多くなってきます。

かくいう僕も、普段から波除稲荷神社には毎日必ずお参りしていました。それでも店舗移動の抽選が近づいてくると、やっぱり気になって、いつも以上に熱心に通っていたものでした。

ウチの場合は、いいところに当たったときと悪いところに当たったときが交互にあったような気がします。いいところなら素直に喜んで祝杯を挙げ、残念ながら悪いところに当たってしまったときは、

「今回は仕方ない、新しいところで精一杯頑張ろう」

と、気持ちを切り替えたものです。

当時千店も店があれば、中にはまったく付き合いのない店もありました。近所になると、そういう店とも仲良くなって、新しい縁ができたりするというメリットもありました。

店舗移動は、昔からの築地のしきたりでしたが、全部の店に平等で、場内を活性化し、しかも、衛生を保つということで行われていたことを考えると、このシステムを作り上げた昔の人たちの知恵というのはすごいなと僕は思います。

波除稲荷神社

いま名前が出てきたところで、波除稲荷神社のことを書いておきましょう。

築地で生まれ育ち、いまも築地と関わりを持つ僕にとって、波除稲荷神社は心のよりどころといってもいい神社なのです。

築地は江戸時代に、もともと海だったところを埋め立てて造った人工の土地です。波除稲荷神社は、築地の誕生と深く関係しています。

その由来はこうです。


「海を埋め立てていたとき、堤防を何度築いても、すぐに激しい波に壊されてしまい、工事はなかなかうまく行かなかった。

そんなある夜、沖のほうから何やら光り輝くものが流れてきたので、漁民たちが船を出して引き揚げると、それは、稲荷大神のご神体だった。

そこで、それを現在の地に祀《まつ》ったところ、激しかった波が収まり、埋め立て工事は無事に終えることができた。それ以来、現在に至るまでずっと『災難を除き、波を乗り切る』波除稲荷様として築地を見守り続けている」

波除稲荷神社には、お神輿《みこし》と守り神である雌雄二体の獅子頭《ししがしら》が奉納され、毎年六月十日に近い金曜から日曜日にはお祭りが行われます。特に三年に一度の本祭りはにぎやかで、伝統を重んじ、大の祭り好きな築地の人たちによって大いに盛り上がります。

僕自身も小さな子供のころから波除稲荷神社のお祭りが大好きでした。町会にはお祭り用の半纏《はんてん》があります。でも、子供用の半纏は町会によっては準備がないところもあり、僕の町会にはありませんでした。

長男だった僕のために、両襟に「堺静」の屋号が入った自前の半纏を両親が誂《あつら》えてくれて、それを着て子供神輿をかついだり、山車《だし》を引っ張ったりしました。その思い出は、僕の脳裏にいまでも強烈に残っています。

まもなく還暦を迎えようかという歳《とし》になっても、もちろん、いまでも毎年必ずお神輿をかつぎます。

僕は、お祭りの十日も前から気がそぞろになって、雪駄《せった》と地下足袋《じかたび》を玄関に並べてその日を心待ちにします。それは、僕にとって特別な一日なのです。

お祭り好きな読者の方はよくご存じでしょうが、お神輿をかつぐ位置にも格があり、かつぎ棒の先端のいちばん目立つところは「華棒《はなぼう》」といって、お神輿の進路を決めたりもする大事なポジションになっています。そこをかつぐのは文字通り、お祭りの「華」でもあるのですが、それだけに、華棒争いは毎年熾烈《しれつ》を極めます。僕は若いころから「華棒捕り」には身体《からだ》を張ってきたものです。

僕がまだ血気盛んな三十代の半ばのある年のお祭りのとき、こんなことがありました。

僕が華棒の位置を確保して気持ちよくかついでいたら、いきなり割り込んできた人間がいたのです。

(何だ、この野郎)

一瞬ムッとして相手の顔を見て、僕は驚いてしまいました。

オフクロだったのです。

思わずひるんで、華棒を譲ってしまった僕を尻目に、オフクロは、いかにも満足そうな顔でかついでいました。

オフクロも、ここで生まれ育った築地の女。おそらく、年に一度のお祭りに血が騒いだに違いありません。

ターレット

初めて築地市場に来た人なら、誰でも必ずといっていいほど興味を持つものがあります。それは場内のあちこちを、こまねずみのように、縦横無尽に走り回っている小型三輪車ターレットトラック。通称ターレットと呼ばれる、ギアチェンジもなく、動くのは前進と後進だけという、いたって簡単な作りのガソリン車です。

前輪が三百六十度回転することができるので、狭い通路でも小回りが利いて、自由自在に走ることのできるターレットは築地になくてはならない乗り物です。

何でも、昭和二十一（一九四六）年に朝霞《あさか》製作所という会社が開発したもので、もともとは登録商標だったそうですが、いつの間にか普通名称として使われるようになり、築地に導入されたころにはターレットと呼ばれるようになっていました。

公道でターレットを運転するためには、基本的には小型特殊免許が必要となります。ただし、市場という限られた区域内でのみ使用するということを条件に、普通免許か原付免許を持っていればＯＫということになったと聞いています。

仲卸の仕事をやっていたとき、もちろん僕も毎日のように乗っていましたが、昭和五十一年、僕が築地で働き始めたころが、ちょうどターレットの出始めで、場内でもそんなに見かけることはありませんでした。

僕も最初のうちはターレットではなく、小車を使って魚を運んでいました。小車とは、二輪の大八車《だいはちぐるま》のようなもので、ごくごく原始的なものでしたが、荷物の運搬にはとても重宝しました。いまでも築地ではよく使われています。

さて、ターレットというと、興味を持った人から、

「ターレットって、築地で生まれた乗り物なんですか？」

と、よく聞かれることがあります。

たしかに、普通の人がターレットを見る機会はなかなかありませんから、そう

思われるのかもしれません。

実際にはなかなか目に触れないだけで、全国の卸売市場をはじめとして工場や倉庫、鉄道の駅などで盛んに使われています。残念ながら、何も築地オリジナルというわけではありません。

ちなみに、特殊な車両なので値段は結構高くて、軽自動車並みの百万円ぐらいはします。時代の流れもあって、最近はほとんどが電動になりましたが、やっぱりパワーという点では、ガソリン車のほうがよかったという声が高いみたいです。

豊洲への移転とともに、ターレットの数も減るかもしれません。

発泡スチロール

魚市場の仕事に欠かせないのがもう一つ、それが発泡スチロールです。場内のいたるところで見かけます。

築地で発泡スチロールが使われるようになったのは、昭和五十年代になってから。僕が築地で働き始めたころは、まだまだ木箱が現役で、発泡スチロールを使うことは稀《まれ》でした。

しかし、木箱は箱そのものが重かったり、中に入れた氷が溶けやすいということがあって、魚を氷漬けにして運搬するのに便利な発泡スチロールのほうが、次第に主流になっていきました。

発泡スチロールは保冷に優れ、地方から運搬された魚の鮮度を保つことができます。これによって生食つまり刺身なども美味しくいただけるわけです。

もちろん、木箱がまったくなくなってしまったわけではありません。発泡スチロールとは違って再利用できることから、マグロを扱っている店では、いまでも木箱を使っています。マグロの入っている大きな木箱には数字（マグロの重量）が書いてあって、そんな箱がごろごろしています。

またマグロの大きさに合わせた発泡スチロールを作ることは大変なので、いまも木箱が重宝されています。

そして、その箱はマグロの産地に戻されて再利用されます。いま大きな木箱を作るとなると、結構な金額がしますから。

場内のいたるところで木箱が使われていたころは、あちこちに釘《くぎ》が落ちていて、長靴を履いているにもかかわらず、釘を踏んづけて痛い目に遭ったことが何度もあったものでした。

場内で使われる発泡スチロールは産業廃棄物として回収され、処理されるシステムになっています。

場内には発泡スチロールの集積所があって、そこに持っていくと処理してもらえますが、それには当然お金が必要で、事前にプリペイドカードを買っておいて、その場で発泡スチロールの量に応じて料金を支払います。

ただし、量といっても、発泡スチロールの場合は軽いので、容積が基準になります。そして、集められた発泡スチロールは場内にある処理場で砕いて加熱して溶かして、いわゆるプラスチックの塊のようにしてからリサイクルに出しています。

一般の方は、おそらくご存じないでしょうが、毎日大量に使われる発泡スチロールだけに、そうした機能が市場の中にちゃんと作られていたのです。

自衛消防隊

築地でいちばん大きな災害というと、やっぱり火事だと思います。

何しろ、ひとたび火事を出したら、あれだけ店が密集したところですから大変です。一軒や二軒で収まるはずはありません。特に発泡容器を使うようになってからは燃えやすいものがあちこちに置いてあるわけです。

これまでの長い築地の歴史の中では、百軒くらいの店が焼けたり、死者が出るようなかなり大きな火災が何度も起きています。

出火の原因の多くは、漏電と煙草《たばこ》の火の不始末です。漏電はそこに熱を持ったり、そこから火花が発生して、近くの発泡スチロールや段ボールに燃え広がっていきますが、電気設備がよくなったこともあって、最近はほとんどなくなりました。

昔もいまも多いのは、やっぱり煙草です。最近は町中のどこでも煙草が吸えなくなって、築地の市場の中もすべてが禁煙になっています。

でも、昔は、くわえ煙草で仕事をするのは当たり前。いまでは煙草を吸わない人も多いものの、かつての築地の喫煙率はかなり高かったのではないでしょうか?

それで、これは何とかしなくてはいけないというわけで、市場の中に自衛消防隊が組織されることになり、まだ三十代と若かった僕は、副隊長を仰せつかりました。

隊員は十五、六人はいましたか、月に一回訓練をやって、あとは年に一回、消火のスピードと放水の正確性を競う中央区の消防団の大会があって、そこに参加していました。

でも、あくまでも自衛消防隊ですから、実際の消火活動をやるわけではありません。火災が起きた場合に、非常線を張って中に野次馬が入らないようにするとか、消防車が通る道路の確保をするなど消防隊員のお手伝いをするのが僕たちの使命でした。

築地では仲間が災難に遭ったり、何か困ったことがあれば、すぐに飛んでいって助けます。ですから、近所で火事が起こったときも、当然、何はともあれ駆けつけていって、見舞います。

オフクロに聞いた話では、昔は火事というと、みんなが一升瓶を持ってお見舞いに行ったので、火事に遭った家には、それこそ山のように一升瓶が集まったとか。

さすがに、最近はそうした風習というか、慣習はほとんど見かけなくなりました。それでも、いまでも変わらないのは火事の被害に遭った家が「近火見舞御礼」という張り紙を出すということです。

それは、近所の人たちがお見舞いに来てくれたことに対する感謝の気持ちを表したものです。

当然のことながら、火事という災難に遭ったのですから、お返しなどをする必要はまったくありませんし、見舞った僕たちのほうには、見返りを求めるといった野暮な気持ちはこれっぽちもありません。

ですから、その張り紙だけでもう十分。言葉にしなくても、気持ちは、どちらにもしっかりと通じ合っているのです。

築地で生きる人間たちには「困ったときはお互いさま」という助け合いの気持ち、つねに仲間のことを思いやるという気持ちが、ことのほか強いように感じます。

それこそが、築地市場という限られた狭い世界で、長年生きてきた人たちが培ってきた生活の知恵なのです。

築地にとってもっとも恐ろしい災害といえば火事や台風ということになります。ただし、火事はみんなが注意して、火の始末をきちんとすればいいことですし、台風は事前に接近してくることが分かりますから、岸壁にある水門を閉めてしまえば、高波が場内に入ってくるという最悪の事態を防ぐことができます。

実は、もっと身近にあって、僕たち築地の人間を悩ませるものがあるのです。

それは雪です。東京はちょっと雪が降ると、交通機関がマヒしてしまうなど雪に弱い都市ですが、築地もまったく同じで、ひとたび雪が降り、ほんのちょっとでも積もると、市場の中の機能がストップして荷物が運べなくなってしまうからです。

そもそも大雪ともなると、魚を運んでくるトラックが走れず、市場に荷物が届かないということもありますが、チェーンをはいたトラックが何とか到着しても、場内の荷物の運搬に欠かせないターレットには、チェーンをつけるわけにはいきません。すると、場内はもう大混乱してしまいます。

そうした緊急事態のとき、活躍するのが仲卸組合の場内放送です。

場内放送は毎朝決まった時間に（たしか九時か九時半だったと思います）流すもので、たとえば「今日○時から○○組合の総会があります」といったその日の連絡事項や天気についての放送が行われ、雪とか台風のような緊急時には随時情報が知らされます。ですから、場内で働いている人間は、いつも場内放送を意識して聞いています。

このほか、場内放送では拾得物についてのお知らせもやっています。面白いのは、タイやらアジといった魚の落し物がしばしば知らされるということです。

おそらく、ターレットで運んでいる途中に、スピードを出しすぎて落としてしまったのでしょうが、こんな拾得物が出るのも築地ならではです。

築地のIT化

パソコンや携帯電話、スマートフォンの普及で、いまの世の中は大きく様変わりしました。一昔前には想像もできなかったようなIT社会になっています。

それは築地も一緒です。そうした機器が次々に入ってきて、いろいろな面で商売のやり方がかなり変わりました。

たとえば、パソコンが普及することで、お客さんとの情報交換、受発注がすべてパソコンを通じて行われるようになりました。

それ以前は、お得意さんに電話をして翌日の注文を確認する、いわば御用聞きのような営業をするか、あるいは、いまの時期だったら、この魚がいいだろうというこちらの経験や感覚で魚を仕入れておいて、それをお客さんに連絡して注文を取る、そんな営業が一般的でした。

お客さんの側からしてみれば、今日はアジがいいって仲卸さんがいったから、その言葉を信じて、アジを仕入れて一生懸命売ろう、そんな感じです。

次の日に、どこからどんな魚がどのくらい入ってくるかという情報自体がありませんでしたから、どこだって、そういう商売をやっていました。

ところが、パソコンが出てきてメールが使えるようになると、まず第一に入荷する魚の詳しい情報がすぐに入手できるようになりました。つまり、その情報をお得意さんに、明日の朝、どこどこのアジがこれだけ入りますよと、すぐに伝えることができるようになったわけです。

いってみれば、築地でも魚を売るだけではなく、情報を売るようになったのです。

僕が仲卸をやっていたときはスーパーや百貨店がメインのお客さんでしたから、そこに夕方、仕入れの情報を流します。

すると、お客さんのほうから夜のうちに注文が来ますので、それに応じて競りの準備をするのですが、スーパーのほうにもＰＯＳシステム（販売時点情報管理システム）が導入され始めていて、お店のデータをバッと吸い上げて翌日の注文を決めて、それを各取引先に注文書で流すようになっていました。

ですから、こちらもそれに対応するため、夕方から夜にかけて人を雇わなくてはならなくなり、朝から夕方にかけて事務の仕事をする人、夜、発注の処理をする人、早朝に市場で買い付けの仕事をする人と、ほとんど二十四時間、誰かが必ず働いているという状況になってきました。パソコンのおかげで便利になった反面、日々の仕事のスタイルが大きく変わったのです。

さらに最近では、買った魚をその場でスマートフォンを使って撮影し、ラインやフェイスブックで流して注文を取るといった方法も採用されていると聞いています。

ここ十数年、築地の仕事をめぐる環境は大きく変わってきました。豊洲に移っても時代の流れにマッチしてどんどん変わっていくことでしょう。

第三章　築地の技

築地では、何千という種類の魚を取り扱います。

ここでは、僕が築地で覚えた魚の話をします。その美味《おい》しさを生かす料理法もお教えしますので、ぜひ作ってみてください。

アカムツ

アカムツは、どちらかといえば、通好《つうごの》みの高級魚といってもいいでしょう。どこにでもある魚というわけではなく、素材にこだわった魚料理の専門店や百貨店の鮮魚売り場などでないと、なかなかお目にかかれない魚だからです。もちろん値段も高いです。

ただ、最近では、アカムツというよりノドグロといったほうが、読者の方には分かってもらえるかもしれません。

ノドグロは口の内側が黒いことからそう呼ばれるようになった別名で、海外でも「ブラックスロート・シーパーチ」といいますから、やはり、その特徴が名前になっているようです。

築地でもかつてはアカムツといって売っていましたが、最近はお客さんである料理屋さんがノドグロと呼ぶことが多くなったので、仲卸《なかおろし》でもノドグロと称することが一般的になってきました。

アカムツは身に水分が多く含まれているためか、ふわっとした柔らかい身質が特徴です。刺身でも焼いても煮ても、どう調理しても上品な脂の旨《うま》みが楽しめておいしい。僕の好きな魚の一つです。

以前、金沢に行ったとき、アカムツの握りを売りものにしている寿司屋《すしや》がありました。そこでは身のふんわりとした食感を出すために、あえて火を加えて寿司として出していました。口の中に入れると、まさにもうとろける感じで、これは最高においしかったことを覚えています。

なるほど、こういう形の寿司もあるんだなと、そのときは大いに納得したものです。

ちなみに、同じムツでもアカムツとクロムツでは、種類がまったく違います。

クロムツはムツ科ですが、アカムツはスズキ科に属しています。

※アカムツの焼霜（二人分）

❶アカムツのワタとエラを取って、ウロコ引きでウロコを取り、三枚に下ろします。
❷皮つきのまま背と腹の二つに割って、サクにします。
❸焼いたときに皮が縮まないよう、皮に数カ所切り目を入れます。
❹サクの皮目に金串《かなぐし》を打って、皮側だけをバーナーで炙《あぶ》ります（バーナーがなければ、魚焼き用の網に皮目を下にしてのせ、強火で炙ってもいいでしょう）。
❺炙った皮側だけにさっと水を流すか、氷水につけて粗熱を取ります。
❻水気をキッチンペーパーで取って、刺身に引きます。

サワラ

サワラは魚偏に春と書きます。

ですから、春の魚だと思われていますが、昔は春の産卵期に沿岸で獲《と》れたので

この時期が旬とされていたのですが、今は、保冷技術の進歩により、遠海での漁

で獲れたものを保冷し、運んでくることが可能になったので、十一月から三月ま

でが脂がのって美味しく食べられる時期になっています。

おそらく最近は流通がよくなったからなのでしょうが、刺身用のサワラが築地

に入荷していますし、刺身で出すお店もいっぱい出てきています。

※サワラの刺身三品（二〜三人分）

【刺身】

❶三枚に下ろして半身を背腹に切り分けます。

❷身側から皮をまな板に残すように皮を引いて、厚めのそぎ切りにします。

【たたき】

❶皮をつけたままのサクに串を刺して、皮目をさっと炙ります。
❷氷水につけて粗熱を取り、水気をよく拭き取ります。
❸そぎ切りにします。

【酢じめ】

❶皮をつけたままのサクに塩をよく振りかけ、冷蔵庫に二十分ほど置きます。
❷出汁《だし》コンブ（適量）を浸した酢（二分の一カップ）に①を漬け、酢が全体に回るようにキッチンペーパーなどでくまなく覆って、さらに十分ほど冷蔵庫に置きます。
❸取り出して、そぎ切りにします。

サバ

サバというのは塩焼きにしてもいいですし、味噌煮《みそに》にしてもおいしい、とても人気のある魚です。

サバはもちろんサバ科の魚ですが、先ほどのサワラもサバ科の魚で、サバ科というのは味が濃くて、旨みが強い魚が多いのです。おそらく皆さんが大好きなマグロも実はサバ科です。マグロ科ではありません。

ですから、マグロも味の旨みが強いというわけです。

サバというのは本当においしい魚だと思います。

ただ、昔から「サバの生き腐れ」という言葉があるように、サバという魚は鮮度落ちが早いのです。獲れた後すぐでもどんどん劣化していくので、よほど鮮度のいいサバでないと、刺身で食べるのは難しいでしょう。

九州に行くと、たとえば福岡ではサバを刺身で食べるのが当たり前ですが、それも鮮度のいいサバが獲れて、その日のうちに流通しているのが多いからです。

東京でサバというと、どなたも「しめサバ」を思い出されるでしょう。そして、ほとんどの人が、しめサバは酢でしめるから、それで酸っぱいのだと思っていらっしゃるのではないでしょうか?

実はそれは大きな間違いで、市販されているしめサバが全部酢漬けになっているから、そういう勘違いをしてしまうのです。

あれは正確にいえば、しめサバではありません。

基本的に、魚をしめるというのは塩でしめることをいうのです。塩をすることで魚に含まれている余分な水分を出して保存がきくようになります。

そして、一時間くらいして、表面の塩を拭うときに水で洗うと、身の中にまた結局水が入ってしまいますから酢で洗うのです。

ですから、ごく軽く酢洗いをする程度で、酢に漬けるのではないのです。寿司屋に行って、しめサバの握りを食べても酸っぱくないのは、そういうわけです。

サバは脂の強い魚なので、プロの料理人は下ろした段階で、どのぐらいの塩を何分ぐらいしたらいいかというのはある程度勘で見きわめてやるわけです。

サバを包丁で下ろしたとき、包丁に脂がついて滑りが悪くなります。それで、脂がのっているかどうかが分かります。脂がのっていると、しめるのに脂が邪魔して塩が中になかなか入っていかないので、そうすると、少し時間を長くしてしめます。逆に、脂がないなと思ったら、時間を浅めにしてしめるというふうにしています。

いま、九州ではサバを刺身で食べるという話をしましたが、向こうにはサバをすりごまと一緒に醤油《しょうゆ》漬《づ》けにした「ごまサバ」という料理があります。それをそのまま食べてもいいし、お茶漬けにしてもいいし、なかなか旨いです。

※サバのホイル焼き　味噌煮風（二人分）

❶三枚に下ろしたサバ（片身）を半分に切り、飾り包丁を入れます。
❷味噌（大さじ二）、酒（大さじ二）、醤油（大さじ一）、砂糖（大さじ一）、ショウガの搾り汁（少々）、を混ぜ合わせて味噌だれを作ります。
❸①のサバと②の味噌だれをアルミホイルで包み、オーブントースターまたは魚焼きグリルで二十分ほど焼きます。

❹アルミホイルを開き、ゆず（皮のせん切り・適量）をのせます。

サンマ

サンマも旨い魚です。僕も大好きです。サンマが市場に出始めると秋が来たことを実感します。

サンマというと、ワタがおいしいですが、ほかの魚のワタは食べないのに、どうして、サンマのワタは食べるのか、どうして、あんなにおいしいのか、読者の皆さんは、ご存じでしょうか？

実は、ほかの魚に比べて、サンマは腸が短いのです。そのため、食べたものがすぐに排出されて、不純物が入っていません。

もともと、ほかの魚、たとえばイワシやアジのように同じ塩焼きで食べる魚のワタというのは、不純物が入っていて、それはいわゆる「ふん」です。廃棄物が残っていることが多いので、それで美味しくないのです。

しかも、サンマの場合、内臓の周りが脂肪で覆われているのですが、その脂肪というのが甘みのもとになって、それを焼くことで余計においしくなるのです。

もう一つ、サンマのワタの苦みのもとというのは肝臓ですが、サンマの肝臓は、いわゆる脂肪肝になっています。いまもいったように脂肪が全部内臓のところについていて、それが旨みになっているので、サンマのワタはおいしいのです。

ただ、いまの漁は、棒受網《ぼけあみ》という網ですくい上げる方法でサンマを獲っています。そのときにサンマが暴れますので、そうすると、サンマのウロコが、どんどん落ちるんです。そのとき、自分だけじゃなくて、ほかのサンマのウロコも落ちて、苦しいから口をパクパクすると、ウロコを飲み込むので、頭のところから、おそらく一センチぐらいのところに、ウロコが詰まっている場合が多いのです。

ですから、僕は、サンマの頭のエラのところから、一センチぐらいのところまでは食べません。ウロコが口の中に広がると、せっかくのおいしさが台無しになってしまいますから。このことは、皆さんも覚えておかれたほうがいいでしょう。

※サンマの角煮（二人分）

❶サンマ（四尾）の頭を落として内臓を取り、流水で洗ってぶつ切りにします。
❷鍋に水（二分の一カップ）、醤油（大さじ四）、酒（大さじ四）、砂糖（大さじ四）、塩少々、ショウガ（薄切り少々）を入れ、①のサンマを入れて中火で煮ます。
❸煮立ったら弱火にして、水を足しながら二時間くらい煮ます。

マグロ

昔、それこそ僕がまだ子供のころ、マグロのトロは、そんなに高級ではないといわれていたのです。当時は冷凍マグロはそんなに多くはなくて、生のマグロがメインでした。

現在のように、保冷車で十分に温度管理をしながら運んでくるというわけではありませんでしたので、どうしても傷みやすくて、特にマグロのような脂のある魚は、まず内臓から酸化して臭みが出てきてしまうのです。

それで、昭和の四十年代ぐらいのころは赤身が高級とされていて、脂のある部位は値段も安かったのです。

ところが、いまではトロが大人気になっています。マグロは、部位によって脂の量や食感が違いますが、一般的に大トロといわれているのは腹の一部のところで、トロと赤身が少しまじったところを中トロといっています。ただ、最近では脂があれば全部大トロと呼んでいるようです。

築地でマグロを買うときは、腹上とか腹下とか部位を指定します。「今日は○○産の本マグロの腹の上をください」とか「下をください」とか、あるいは「上《うわ》身《み》ください」、「下身ください」と、そんないい方をします。その部位によって値段が大きく変わってくるからです。

マグロは、やはり刺身で食べるのがいちばんでしょう。旨みということでは、骨に近いほうが濃いと思います。

というのは、マグロが泳ぐとき、骨が中心になって運動します。ですから、骨の近くのほうがちゃんと骨を動かすためにしっかりした筋肉になっているので、身がしっかりしています。

そして、それには上質なタンパク質、いわゆる旨み成分であるグルタミン酸やイノシン酸などのアミノ酸がたくさん含まれているので、美味しいというわけです。

甘みは脂肪、旨みは筋肉なんです。マグロを食べれば、その違いがよく分かると思います。

自宅でマグロを食べるなら赤身がいいでしょう。サクで買えば値段も手頃です。

スーパーなどで売っているサクは、よく見ると、スジのあるものとないものがあり、それぞれに適した料理があります。スジのあるものは加熱調理によく、スジの少ないものは刺身が美味しいです。いずれにしてもサクを買うときは、透明感のある赤いもののほうが鮮度が良いので、それを選ぶようにします。

サクを買ってきても、自宅では上手に切れないという方も多いかもしれません。そういう方は「平切《ひらぎ》り」と「そぎ切り」の二つの切り方を覚えておけば大丈夫です。

「平切り」は、サクのスジを左から右へと流れるように置き、右側から包丁の刃を入れていきます。こうすると身が割れることなくきれいに切れます。

「そぎ切り」は、「平切り」とは逆に、サクのスジを右から左へと流れるように置き、左側から左手の指で押さえるようにしながら、包丁の刃元から入れ、刃先で引き抜くようにして切ります。

どちらもちょっと練習すれば、すぐにできるようになるでしょう。チャレンジしてみてください。

※マグロのブツ漬け（二人分）

❶マグロ（二〇〇グラム）を二センチほどのサイコロ状に切ります。

❷酒（大さじ二）、醤油（大さじ二）を合わせた漬けだれに、①のマグロを入れて二十〜三十分漬け込みます。

❸余分な水分をキッチンペーパーで取って器に盛り、お好みでワサビをのせます。

ブリ

ブリは、どちらかといえば、関東よりも関西や九州で好まれている魚です。関西や九州の人たちは、冬になると盛んにブリを食べますし、北陸には昔から、お歳暮としてブリを贈ったり、結婚をしたとき、奥さんの実家が嫁ぎ先にブリを持っていくという風習もあります。

ですから、金沢あたりですと、ブリは一種の縁起物になっていて、一本十万円もしたりします。そこで、いいブリは、どうしても金沢周辺に集まることになるのです。特に年の暮れはその傾向が強いので、築地よりもそちらに行ってしまうのです。

とはいえ、最近では東京でもブリの人気が高くなってきて、築地にも一年を通じてたくさん出回るようになりましたが、それは養殖が盛んになってきたからではないでしょうか？

もともと日本の養殖はブリから始まって、タイやほかの魚に広がっていきましたが、その中で、ブリはそれだけ大きな需要があったので安定した供給が望まれて、養殖がより盛んになったのだと思います。

ブリは関東では焼き物の魚です。照り焼きや塩焼きがメインになります。もちろん刺身で食べることもないわけではありませんが、どちらかというと、焼き物のほうの食材としてのブリなのです。

でも、関西や九州でブリといえば、まず刺身です。その違いはスーパーの売り場を見ればよく分かると思います。

東京では養殖のブリをハマチといっていますが、いまはちゃんと「ブリ（養殖）」と表示してあっても刺身のサクで出ていることは少なくて、ほとんど切り身で出ていますから。

ブリ料理の定番といってもいい照り焼きを、焦がさずにふっくらと仕上げるには、たれに身を漬け込まず、あらかじめ焼いておいた後に、ハケでたれを塗るようにします。こうすると焦げる心配はありません。

また、脂ののったブリが手に入ったとき、わが家では、牛肉の代わりにブリを使った「ブリのすき焼き」をやります。

甘辛いすき焼きだれで煮たブリを溶き卵で食べると、箸《はし》が止まらなくなります。これは絶対のお勧めです。皆さんもぜひ一度試してみてください。

※ブリの照り焼き（二人分）

❶ブリ（二切れ）に軽く塩を振っておきます。醤油（大さじ一）、みりん（大さじ一）、酒（大さじ一）、砂糖（小さじ一）を混ぜ合わせて、たれを作ります。

❷フライパンを熱してサラダ油（大さじ一）を引き、ブリの両面を焼いたら、片面ずつ、たれを塗ります。三回ほど繰り返して、照りを出します。

❸器に盛って、大根おろしを添えます。

アジ

刺身やフライ、たたきなどとしてよく食べられているのがアジです。通年出回っていて、一年中味が安定していますが、やはり、いちばん脂がのる六月から八月にかけてのころがお勧めです。

いまでこそアジを塩焼きにして食べることは少なくなりましたが、昔はアジというと塩焼きにするのが普通でした。流通がよくなり、発泡スチロールの容器が普及して、鮮度のいいアジが出てくるようになって初めて、刺身やたたきが家庭の食卓に登場するようになりました。

アジはおいしいばかりではなく、血液をサラサラにしてコレステロールを下げてくれる不飽和脂肪酸がたっぷり含まれているという栄養素が豊富な魚です。ですから、健康が気になる方は意識して食べるようにするといいかもしれません。

アジというと、何といっても見逃せないのが干物です。築地に来てから約十年、僕はずっと干物を担当していましたから、どうしてもアジの干物には、ほかの魚以上の思い入れがあります。

日本の朝食の食卓には、アジの干物がいちばん似合います。毎日食べても飽きることがありません。干物になるのは、マアジやムロアジが多いのですが、どちらも脂が上品で、しつこくないからでしょう。

読者の皆さんの中には、自分で魚を下ろせるようになりたいと思っていらっしゃる方もいるはずです。そんな方は、まずはアジの三枚下ろしから挑戦してみるといいのではないでしょうか？

その手順は、

1　尾から頭に向かって、身を軽くなでるようにして、包丁の刃先で両面のウロコを取ります。

2　尾の元の部分に刃を入れ、ぜいごと呼ばれるアジ特有の硬いウロコを刃を上下に動かしながら、そぎ取ります。

3　胸びれの後ろから刃を入れ、中骨に当たったら、裏返して頭を落とします。その後で腹を開いて内臓をかき出します。

4　中骨に沿って四十五度の角度で刃先を入れ、刃元まで滑らせた後、刃の角度を変えて滑らせるようにして尾の付け根まで刃先を引きます。

5　裏返して、片面のほうも4と同様に刃を入れれば、三枚下ろしの完成です。慣れるまでは難しいかもしれませんが、何度もやっていればコツがつかめるようになります。

万が一、失敗しても大丈夫です。そのときは細かくたたき、長ネギ、ショウガ、味噌、塩を加えてさらにたたき、なめろうを作ってしまえばいいのですから。

※アジのつみれ揚げ（二人分）

❶アジ（二〜三尾）を三枚に下ろし、腹骨を取って皮をむきます。皮をむくときは頭のほうに包丁を入れ、峰を使って押さえながらむくといいでしょう。

❷①のアジと酒（大さじ一）をフードプロセッサーにかけます（すり鉢ですっても構いません）。

❸すり鉢かボウルに②を入れ、砂糖（大さじ一）を入れて、ざっくりと混ぜ、卵（一個）を割り入れてさらに混ぜます。

❹塩（少々）を入れ、粘りが強くなるまで力を入れて、すりこ木で混ぜます。

❺ニンジン、ゴボウなど好みの野菜を細切《こまぎ》りにして④に混ぜます。

❻手で一口大に丸め、一八〇度の油できつね色になるまでじっくり揚げます。

イ ワ シ

食卓によく登場する目刺し、アンチョビ、シラス干し、オイルサーディン、ごまめ、ちりめんじゃこ……、これらは全部、イワシが加工されたものです。

庶民にはなじみ深く、かつては大衆魚の代表だったイワシも昔ほど獲れなくなってきて、最近はずいぶん高くなりました。築地では、いまでは高級魚として扱われるようになってきています。

イワシにはマイワシ、ウルメイワシ、カタクチイワシなどいろいろな種類があります。目刺しとして朝食で食べられることが多いのでカタクチイワシがよく知られていますが、一般的にイワシというと、マイワシのことを指します。

イワシは夏場を迎え暑くなるにつれて、脂がのっておいしくなります。塩焼きにして食べると、サンマやサバといった青魚特有の旨さが味わえるのがイワシのいちばんの醍醐味《だいごみ》です。

また、イワシは栄養価が高く、夏バテの防止や疲労回復にも効果的です。酸味が加わると、よりいっそうおいしくなりますから、梅煮にして食べるといいでしょう。

※イワシの梅煮（二人分）

鍋に水（二〇〇cc）、醤油（一〇〇cc）、酒（一〇〇cc）、砂糖（大さじ三）を入れ、沸騰したら、イワシ（四尾）と梅干（四個）を入れて落し蓋をし、中火で煮汁が半分くらいになるまで煮詰めます。

ほかには、つみれ汁もお勧めです。作り方はとても簡単です。

※イワシのつみれ汁（二人分）

イワシ（四尾）の頭とワタを取ったらぶつ切りにし、ショウガ（一かけ）、長ネギ（四分の一本）の小口切り、卵白（一個分）、片栗粉（大さじ二）、塩（一つまみ）をフードプロセッサーにかけて、なめらかになったら、お湯の中にスプーンですくって入れていきます。あとは醤油と塩で味つけをすればでき上がりです。

※イワシの蒲焼《かばや》き（二人分）

❶市販の蒲焼きのたれ（五〇cc）に水（五〇cc）をよく混ぜ、たれを作ります。
❷開いたイワシ（二尾）の両面に小麦粉をまぶし、フライパンで身の面→皮目の順に強火で焼きます。
❸②に①のたれを入れ、強火でたれの水分を飛ばしながら、イワシに絡めます。
❹たれが煮詰まったら山椒《さんしょう》をかけていただきます。そのまま食べてもおいしいですが、ご飯にのせて蒲焼き丼《どん》にしてもいいでしょう。

イ　カ

スルメイカ、ヤリイカ、アオリイカ、ケンサキイカ、スミイカなど、イカは種類が豊富で、それぞれに味わいの異なる魚です。イカ好きという方も多いでしょう。

イカは呼び方が複雑で、地方ごとに呼び方が変わることがあります。

たとえば、スルメイカは北海道に行くとマイカ、アオリイカは九州に行くとミズイカといって、そこまではまだいいのですが、九州に行ってマイカというと、ケンサキイカのことなのです。さらに、瀬戸内に行くと、今度はマイカというとスミイカのことになってしまうのです。

どうして、地方ごとで違うのかというと、自分のところでいちばん多く揚がるものが「真のイカ」なんです。それでマイカというわけです。

ですからただ単にマイカといっても、本当は、何イカなのかが分かりません。九州からマイカが入ってきたと聞いて、ああ、ケンサキイカなんだなと、そこで初めて分かるのです。

イカの味わいを楽しむなら、やっぱり刺身がいいでしょう。

特にアオリイカは身が厚く、ねっとり感や粘り気がある身質をしていて、しかも甘みがあるので、活造《いけづく》りなどでは高級イカとして使われることが多いようです。

また、これは好みが人それぞれで分かれるところですが、透明な体がすっと動くぐらいに新鮮で、コリコリした食感が好きな人もいれば、少し寝かせてねっとりした食感を楽しむ人もいます。

僕個人として、イチオシはケンサキイカ。それも新鮮でコリコリしているよりも、一日二日置いて熟成させて、ねっとりしたほうが好きです。

ところで、イカといえば塩辛ですが、一般的に、塩辛はどのイカで作るのか、ご存じですか？

正解はスルメイカです。

ほかのイカはどれもワタが小さいので、それで塩辛を作るとなると、相当量のワタが必要になります。

その点、スルメイカのワタは、ほかのイカに比べて大きくて、しかも、秋になると旨みが濃くなるのです。ですから、そのスルメイカのワタを使って作ると、美味しい塩辛ができるというわけです。

余談ですが、このスルメイカを好んで食べているのがマグロです。テレビで見ていると、大間《おおま》の漁師さんがマグロを釣るときにイカを餌《えさ》に釣ったりするでしょう？　あのとき、餌になっているのはスルメイカです。おそらく、ワタの旨みがマグロの身に行って、美味しさに関係してくるのかもしれません。

ちなみに、秋の脂ののったサンマも、マグロを釣るときの餌になります。サンマの脂がマグロの脂になるんです。

※イカのマヨネーズ炒《いた》め（二人分）

❶サラダ油（大さじ二）を熱したフライパンで、シメジ（一パック）と三ミリ幅に切ったタマネギ（二分の一個）を炒めます。

❷食べやすい大きさに切ったイカ（ミミ・ゲソ部分、二〇〇グラム）を加え、イカが色づくまで炒めます。

❸ブラックペッパーを振り入れ、具材に九割ほど火が通ったらマヨネーズ（大さじ二）を加えて、さっと炒め絡めます（炒めすぎると、イカが硬くなってしまいますので注意しましょう）。

カツオ

江戸っ子が好んで食べた初ガツオは、五月がその時期に当たります。江戸時代の俳人、山口素堂《やまぐちそどう》の「目には青葉山時鳥初松魚《やまほととぎすはつがつお》」の句はあまりにも有名です。

カツオは黒潮に乗って北上します。二月、三月になると、九州で獲れるので、そのとき揚がったカツオを九州では初ガツオと呼んでいます。

そして、三月、四月になると、今度は土佐湾沖で獲れます。それが高知で揚がると初ガツオとなり、そこからさらに和歌山、静岡に来て、東京近辺ですと、千葉の勝浦《かつうら》が大きなカツオの産地で、五月の青葉の時期になってそこから東京に入ってくるのが「目には青葉山時鳥」の初ガツオになるのです。

その後、黒潮とともに北上し、夏を越して、九月、十月になると、今度は親潮が勢力を増して黒潮が押されるようになります。

すると、黒潮と親潮の潮だまりはプランクトンが豊富で、そこには小魚が集まりますから、それを食べたカツオは身に脂がのった状態で、三陸あたりまで南下してきます。それが戻りガツオで、どちらかというと、しっかりとした男っぽい味の初ガツオとは、また違ったおいしさが楽しめます。

戻りガツオというようになったのは、昭和の五十年代以降の、流通がよくなって発泡スチロールの容器が普及してからのことです。

ですから残念ながら、江戸っ子たちが、三陸で獲れた戻りガツオを味わう機会はなかったでしょう。当時は江戸まで持ってくることはできませんでしたから。

新鮮なカツオが手に入ったら、たたきにして味わってみましょう。

皮付きのカツオの皮目部分に塩を振り、皮目をバーナーであぶってから、ひっくり返して今度は全面をあぶって表面の色が変わったら、冷水で粗熱を取ればでき上がりです。バーナーがなければ、フライパンで油を引かずに焼きます。

できたてのカツオのたたきは、皮目がパリッとして、その香ばしさがたまりません。

※戻りガツオのカルパッチョ（二～三人分）

❶赤ピーマン（二分の一個）、黄ピーマン（二分の一個）を短冊に切り、タマネギ（二分の一個）は薄く切って水にさらしておきます。

❷ボウルにちぎったレタス（四分の一個）を入れ、オリーブオイルをかけて軽くもみ、塩・胡椒《こしょう》をしてからまたもんで、皿に敷きます。

❸ルッコラ（二分の一束）を食べやすい大きさに切り、オリーブオイルでもんで塩を振り、②のレタスの上に敷きます。
❹赤ピーマンと黄ピーマンに軽く塩を振り、①のタマネギの水気を切って③に盛りつけます。
❺カツオ（二〇〇グラム）をそぎ切りにして④の上に並べ、塩（少々）とオリーブオイル（少々）を振りかけます。
❻バルサミコ酢（大さじ二）をフライパンで煮詰め、酸味を飛ばして味を濃くし、よく冷ましてソースを作ります。
❼盛りつけた野菜とカツオの上に⑥のソースをかけます。

カマス　タカベ　イサキ

夏の焼き魚の代表選手がイサキ、タカベ、カマスです。

順番でいいますと、五月から七月ぐらいがイサキ、六月から七月がタカベ、そして、カマスが七月から九月ぐらいでしょう。

この中で、僕が好きなのがカマスです。

カマスには、アカガマス、通称マガマスと、ヤマトガマス、通称ミズガマスがあって、ミズガマスは淡白ですが、マガマスは脂がのってくると、すごくおいしいです。僕は塩焼きにしてよく食べます。

タカベは獲れるところが限られていて、中でも、いちばん漁が盛んなのは伊豆七島の神津島《こうづしま》や新島《にいじま》、式根島《しきねじま》といったあたり。おそらく日本海では獲れないのではないかと思います。

タカベは、市場で何十年も働いている大ベテランたちが大好きな魚です。そんなプロ中のプロたちが口を揃《そろ》えて、

「タカベは夏の焼き魚の王様だ」

といいますから、まさに通好みの魚といえるでしょう。

ただ、もちろん流通はしているのですが、一般のスーパーや鮮魚店には、なかなか出回っていません。それだけに、タカベの美味しさを知っている方があまりいないのが残念です。

イサキは初夏に卵を持つと、同時に身にも脂がのる魚で、そのころが美味しい

です。お刺身も、美味しいし、皮目をあぶったたたきはお勧めです。どちらかといえば、あまり知られていない通好みの魚といえます。

ウチのカミさんも、築地に嫁いでくるまで、イサキという魚を食べたことがなかったそうです。初めて食べて、その美味しさに驚き、いままで知らなかったことを何やらずいぶん損をしていたような気がするとまでいっていました。

まだ食べたことのない方には、ぜひ一度味わっていただきたいです。

※カマスのフライ　和風タルタルソース（二人分）

❶カマス（二尾）を三枚に下ろし、塩、胡椒を振ってから小麦粉（大さじ一）、溶き卵（一個）、パン粉（二分の一カップ）の順につけます。

❷揚げ油を一八〇度に熱し、①を色よく揚げます。

❸タマネギ（四分の一個）のみじん切り、マヨネーズ（大さじ四）、たくあん（三センチ分）のみじん切り、黒胡椒（少々）を混ぜ合わせてタルタルソースを作ります。

❹器に②のカマスを盛り、③のタルタルソースをかけます。

※イサキの塩焼き（二人分）

❶イサキ（二尾）を三枚に下ろして、全体に塩を振りかけてから十分ほど置いておきます。
❷身側から焼きます。六～七割焼けたら裏返して、皮目に焼き色がこんがりつくまで焼き上げます。
❸器に盛って、大根おろしを添えます。

エ　ビ

マグロと並んで、日本人が大好きなのがエビです。

伊勢エビ、クルマエビ、大正エビ、アマエビなどと種類はさまざまで、海外からやって来るエビも多く、輸入量はすべての水産物の中でも飛び抜けて多くなっています。

それだけに、築地の仲卸にもエビ専門店がたくさんあって、すべてのエビを扱っているところもあれば、クルマエビ専門、アマエビ専門、伊勢エビ専門と、それぞれのエビごとに扱っている店もあります。このことも日本人がエビ好きで、需要が多いことをよく表しています。

エビの中でももっとも高価な伊勢エビは、伊勢志摩《しま》で獲れることから伊勢エビという名前がついています。それは、もちろん皆さんもよくご存じでしょうが、関東周辺では千葉でもたくさん獲れますし、意外なことに鎌倉でも獲れます。

伊勢エビは、丸まった様子が腰の曲がっている老人をイメージさせることもあって、長寿を象徴する縁起物として古来、結婚式の披露宴や結納《ゆいのう》の席、お正月などの吉事には欠かせない魚とされています。

寿司ネタの定番ともなっているアマエビは、正式な名称をホッコクアカエビといい、新潟では南蛮《なんばん》エビというように場所によっても呼び方が異なりますが、赤くて細長いその形状から、築地ではトンガラシとかトウガラシと呼ばれることもあります。

アマエビを生で食べることができるようになったのは冷凍技術が進んだ、ここ三十年くらいのことで、その名前の通り甘みが強いので、刺身として食べるのがいちばんいいでしょう。残った頭は唐揚げにして、塩で食べるとなかなかの美味で、お酒の肴《さかな》にもぴったりです。

また、体の縞《しま》模様が特徴で、丸まったときに車輪のように見えることからその名がついたクルマエビは、刺身や塩焼き、天ぷら、フライなどどう調理しても美味しい人気の食材です。

選ぶときには縞模様がはっきりしていて、身に透明感があるものを選ぶようにしましょう。

※クルマエビとゴルゴンゾーラのパスタ（二人分）

❶クルマエビ（四尾）は頭と胴体に切り分け、頭は殻を取り胴体は殻つきのまま、ぶつ切りにします。パスタ（二〇〇グラム）は表示通りに茹《ゆ》でておきます。

❷フライパンにオリーブオイル（六〇cc）、ニンニク（二かけ）、手でちぎって種

を取った赤唐辛子（二本）を入れて炒め、クルマエビの頭を入れ、香りが立ったら胴体を入れて炒めます。

❸茹で上がったパスタを②のフライパンに入れて軽く炒め、器に盛ります。

❹ゴルゴンゾーラチーズをのせ（余熱で溶かします）、大葉の細切りを散らします。

※サクラエビのチーズせんべい

❶テフロン加工のフライパンを少し温め、とろけるチーズ（一〇〇グラム）を薄く円形に敷き詰めます。

❷チーズの上にサクラエビの釜揚《かまあ》げ（一〇〇グラム、なければ乾燥ものでもOKです）をまんべんなくのせ、パルメザンチーズを振りかけます。

❸周りが色づいてきたら、焦げ付かないようにフライパンをこまめに回しながら焼いていきます。両面がこんがり焼ければでき上がりです。

キンキ　キンメダイ

キンキは別名をキチジという、鋭いトゲを持ったフサカサゴ科の魚です。北海道ではメンメとも呼ばれています。

秋から冬にかけて、三陸沖や北海道で水揚げされる北の魚なので、キンキは関西や九州の方には、あまりなじみのない魚かもしれません。

ふっくらとした上品な白身が特徴で、キンキのおいしさを楽しむのなら、やはり煮付けがいちばんです。ちょっと高級な料理店に行くと、キンキの煮付けはメニューにありますね。

ただ、キンキは煮付け以外にはなかなか食べる機会がないでしょうが、ぜひ一度、塩焼きでも食べていただきたい魚です。もちろん、煮付けのおいしさは当然ながら、それだけではない、この魚の味わいの深さが分かるはずです。

煮付けにして美味しい魚といえば、キンメダイも忘れるわけにはいきません。キンメと呼ばれることも多いので、中にはキンメとキンキを間違って覚えている方もいらっしゃるのではないでしょうか。

キンメダイはその名前の通り、金色に輝く大きな目玉と赤い体が特徴の、体長四〇～六〇センチの魚です。地方によってはマダイの代わりに祝儀魚として用いられることもあります。

キンメダイはキンキ同様、淡白で上品な味わいが特徴です。同じ煮付けでもブリやサバは大根と一緒に煮付けたり、味噌煮にしたりして、こってりとした味つけにしますが、キンメダイは醤油味で、あっさりと煮付けるのが普通です。

キンメダイは刺身で食べることもありますが、マダイに比べると、身は柔らかくて水分が多いのです。ですから、コリコリ感はあまりなくて、焼いたり煮たりすることによって、身の柔らかさが美味しさになってきます。僕はそっちを勧めますが、刺身は刺身で美味しいです。

※キンキの煮付け　魚河岸《うおがし》流塩味（二人分）

❶キンキ（一尾）はウロコ引きでウロコを取ります。小さな魚は、水を流しなが

らやると、ウロコが飛ぶことはありません。

❷エラと内臓を一緒に取ります。たいていの魚はエラを取ると内臓が一緒についてきますが、取れないときは盛りつけたときに見えない側の横腹を切って取り出します。

❸両側に中骨までしっかりと切り目を入れます。

❹鍋に水（五〇cc）、酒（五〇cc）、塩（大さじ二）を合わせて火にかけます。煮立ったら、③を入れ、落し蓋をして煮ます。

❺煮えたら皿に盛り、刻んだアサツキを散らします。

※キンメダイの煮付け（二人分）

❶キンメダイの切り身（二切れ）に斜めに切り目を入れます。

❷鍋に水（五〇cc）、醤油（五〇cc）、酒（五〇cc）、砂糖（三〇グラム）、黒砂糖（小さじ一）を煮立たせてから切り身を入れ、落し蓋をし、中火で十五分ほど煮詰めます。

❸火が通って照りが出てきたら、器に盛って煮汁をかけます。

タラ

タラはヨーロッパをはじめとした世界中で、淡白な味わいが人気の魚です。魚偏に雪と書くのは、身の色が雪のように白いことと、冬場の雪が降ったときがおいしいことからだろうと、僕は想像していますが、いずれにしても、タラというのは北の魚で、やっぱり冬場がおいしい。

余談ですが、タラというのはとても大食いの魚で、タラのおなかは、いつもぷっくり膨れて垂れています。いっぱい食べておなかいっぱいになったことを「たらふく」といいますが、その言葉の語源がタラのおなかというわけです。

さて、日本で冬場の寒い時期、食卓にしばしば登場するのがタラちりです。

いま流通しているタラの切り身は、生ダラと獲ってすぐ塩漬けにした塩ダラの二種類がありますが、かつてはタラ自体の鮮度落ちが早いし、内臓がいっぱい入っていたので、生での流通というのは少なくて、ほとんど塩ダラでした。

ですから、タラちりには、昔から塩ダラが使われていて、その塩分が入ることによって、鍋がより美味しくなるのです。もちろん生ダラを使ってもいいのですが、生ダラは塩をしてないと臭みがあって、そのままではあまり美味しくありません。

タラちりを食べるとき、僕は昔ながらの築地風のたれで食べます。酒（五〇cc）、醬油（五〇cc）に長ネギのみじん切り（四分の一本分）、花がつお（一〇グラム）を入れたたれを、容器ごと鍋に入れて熱々に温めながら、そこに具材をつけて食べるのです。

タラというと、白子《しらこ》が好きだといわれる方も多いでしょう。もともと白子というと、やっぱりフグ、それもトラフグの白子がいちばんでした。

しかし、フグは昔もいまも高級な魚ですから、なかなか気軽には食べられませんでした。そこで、新鮮なタラの白子が流通するようになって、それをポン酢で食べたらおいしかったからというので、全国に広まっていったのです。

タラの白子のことをクモコといいます。なぜ、クモコというかというと、雲の形に似ているから、ではなくて、実は、ここでいうクモとは人間の脳みそのことを指しているんです。くも膜下出血の「くも」です。

いつ、誰が名づけたのかは分かりませんが、すごいネーミングだと思いませんか？

それから、おにぎりやお茶漬けに欠かせないタラコとして、普通に売られているのはスケソウダラの卵巣を塩漬けにしたもののことです。マダラの卵はタラコではなく、マダラコというまた別の名前で売られています。

※タラのフリッター（二人分）

❶生ダラ（二切れ）を薄めにスライスしてから、半分に切ります。
❷小麦粉（大さじ五）、卵（一個）、ベーキングパウダー（小さじ四分の一）、水（五〇cc）を混ぜ合わせて衣を作ります。
❸①のタラに②の衣をつけ、一八〇度の揚げ油で揚げます。
❹素揚げしたカボチャ（スライス四枚）をつけ合わせにし、お好みで明太子《めんたいこ》ディップを添えます。

明太子ディップは皮をはいで中身だけを取り出した明太子（三〇グラム）に、すりおろした長イモ（大さじ一）、マヨネーズ（大さじ二）を混ぜて作ります。

カニ

カニも日本人が大好きな魚介類です。

カニは種類がたくさんあって、ズワイガニである松葉ガニや越前《えちぜん》ガニ、タラバガニは足のところが、毛ガニは味噌がおいしいですから、好みがそれぞれ違っています。

僕個人で好きなのは、毎年十一月六日から一月初旬まで日本海から入ってくる、ズワイガニのメスである香箱《こうばこ》ガニです。このカニは山陰や福井ではセイコガニと呼ばれ、石川では香箱ガニと呼ばれる小さなカニなのですが、味わいは濃厚で旨みもたっぷり。特に卵が美味しく、内子《うちこ》は甘み、外子《そとこ》は食感が楽しいです。

あと、ワタリガニ、地方によっては、ガザミといったりしますが、特に子持ちのワタリガニは塩茹でにしたり、蒸したりして食べると美味しいです。

僕が子供のころ、東京湾ではワタリガニがたくさん獲れて、おじいさんやおばあさんの生きていたころは、よく食べさせてもらっていました。

ワタリガニは足には身があまり入っていなくて、肩のところの身と、卵を持っていると、その卵がおいしいのです。最近はイタリアンの店でも、ワタリガニのパスタをメニューに入れているところがたくさんあります。もちろん、僕も大好きです。

いまでは山形など東北のほうからも、入ってきています。

※ズワイガニのクリームコロッケ（二〜三人分）

❶フライパンにバター（三〇グラム）を溶かし、薄力粉（四〇グラム）を入れます。弱火にして、ダマがなくなるまで、木べらで根気よく混ぜます。

❷十分に混ぜたら、温めた牛乳（二カップ）を注いでさらに混ぜ、塩・胡椒で味を調えます（ホワイトソースのでき上がり）。

❸別のフライパンで、みじん切りにしたタマネギ（一個）とマッシュルーム（適

量）をバター（二〇グラム）で炒めます。タマネギがあめ色になり、しんなりしたら火を止めて粗熱を取ります。

❹③を②のホワイトソースに入れて混ぜ、ズワイガニのほぐし身（一〇〇グラム）を加えて、再びまんべんなく混ぜてから容器に移して粗熱を取り、冷蔵庫にしばらく置きます。

❺④を俵形《たわらがた》に軽く握って整え、小麦粉、溶き卵、パン粉の順にまぶしていきます。

❻一八〇度の油でからっと揚げます。

江戸前の魚

いま東京湾の話題が出たところで、江戸前の魚について話をしておきましょう。もちろん江戸前とは江戸の前、東京湾のことをいいます。東京湾というのは、さまざまな種類の魚が獲れる良質の漁場なのです。

ところが、一口に江戸前とはいっても、年代によって場所が大きく変わってきているのです。たとえば、江戸時代はいまよりもかなり手前で、それこそ羽田のあたりから、船橋《ふなばし》ぐらいまでの間が江戸前でした。

それが昭和の初期になると、今度は川崎沖だとか横浜ぐらいから富津沖《ふっつおき》ぐらいが江戸前といわれ、いまでは三浦半島の突端の城ヶ島《じょうがしま》から館山《たてやま》を結んだラインから内側が江戸前ということになっています。

どうして、江戸前の範囲が時代によって違ってきたのかというと、僕は、船の性能が大きく関わっているのではないかなと考えています。

江戸時代というのは手漕《てこ》ぎ船《ぶね》です。電動ではないので、手漕ぎで行って帰ってきて、日本橋の河岸に水揚げできるところが江戸前でした。

これが昭和になってからは、ある程度遠くまで行けるようになりました。それで、魚の鮮度がいいうちに持って帰ってこられたというのが、おそらく横須賀《よこすか》から富津あたりまでを結んだ線です。

そして現在では、いわゆる東京湾の内湾のことを全部江戸前といっていて、築地では、江戸前というと、何か粋《いき》な感じの一つのブランドになっています。

いま、江戸前で獲れる代表的な魚介類といえば、スズキ、タチウオ、アナゴ、ハマグリなどですが、以前に比べると、獲れる魚の種類が変わり、中でもスズキが増えたのです。

というのは、東京湾アクアラインができて、その工事が始まる前と後で江戸前の魚の種類がまったく変わってしまったからです。

それまでは大きなイワシが六月、七月にいっぱい入ってきて、それを船橋あたりでは、船橋の金太郎イワシとして売っていました。それはもう形がよくて味もいい、本当に素晴らしいイワシでした。

ところが、アクアラインができてから、それがぱったり獲れなくなりました。たぶん、イワシは、車がアクアラインを走ることで生じる音の振動を嫌って、東京湾内に入ってこなくなったのではないかと、専門家はいっています。

逆に、スズキが増えたのは、アクアラインを作っているときに海底を掘って、溝がいろいろとできたためです。そこがいま、スズキの新しい生息地になって産卵をして増えていったのではないかと。これも専門家の推測です。

いま、イワシが獲れなくなった船橋では、その代わりにスズキとホンビノスガイという貝が名物になっています。

ホンビノスガイはシロハマグリという呼び名で販売されていますが、ほとんどの方はご存じないでしょう。もともとは外来の貝で、東京湾にも生息していませんでした。

おそらく、東京湾に入って来た外国船が、バラストという船を安定させるための水を吐き出したとき、そこに貝のプランクトンが入っていて、それが東京湾で増えていったのでしょう。

こうした例を見ると、東京湾は生きていて、いまも刻々と変化していると思わざるを得ません。

江戸前で獲れたアナゴやハマグリを、江戸の人たちは煮アナゴや煮ハマグリとして食べていました。

そもそも、おそらく幕府の開府からしばらく経《た》ったころだと思いますが、関東に紀州《きしゅう》から醬油文化が入ってきて、野田《のだ》や銚子《ちょうし》に醬油の蔵元ができて、関東の食文化は醬油がそのもととなりました。

いまある佃煮《つくだに》というのも、江戸時代に大坂に佃村というところがあって、家康《いえやす》が本能寺《ほんのうじ》の変の後、明智光秀《あけちみつひで》に追われて逃げ込んだのが佃村で、そこで匿《かくま》ってもらったことを恩義に感じた家康が江戸幕府を開いたときに、佃村の漁師を迎え入れて佃島を作ったことが大きく関係しているのです。

そして、そこに佃村の人たちを住まわせ、江戸前の魚を獲っていいという許可を与え、その代わり、いい魚は幕府に献上し、残った魚は日本橋の魚の河岸で売りなさいといったのです。

それで彼らは、雑魚《ざこ》として残ったものを、大坂で培っていた塩昆布をつくった技術をもって、塩ではなく醬油でやったのが佃煮の始まりだといわれています。マグロを醬油につけた、いわゆる、づけを完成させたのも江戸時代の人たちでした。

これは、いまのような冷凍技術がなかった当時、醬油に漬け込むことによって保存を可能にし、しかもおいしく食べたいという先人たちの知恵といってもいいでしょう。

ただ、醬油に漬け込むという文化は何も関東だけに、またマグロだけに限ったものではなく、全国どこにでも、どんな魚にもあるのです。

三重に行ったとき、カツオを醤油づけにして、それを酢飯と混ぜた「手こねずし」というのがありましたし、九州には新鮮なサバやアジを醤油漬けにして、ゴマなどと合わせた「琉球丼《りゅうきゅうどん》」というのもあります。

出世魚

魚には出世魚《しゅっせうお》といって、大きくなるにつれて名前がどんどん変わっていく魚がいます。そういうことを知っておくと、結構楽しいかもしれません。

出世魚の代表はブリです。その名前も地方によって変わっていますので、東京だとワカシ、イナダ、ワラサ、ブリ、関西に行くとツバス、ハマチ、メジロ、ブリ、そして、北陸だとフクラギ、ガンド、ブリとなります。ですから、同じ魚を違う名前で食べていることもあるわけです。

ほかに、出世魚とされているのはサワラです。サゴチとかサゴシと呼ばれて、それから、ヤナギ、サワラになります。さらに、スズキは、セイゴ、フッコ、スズキです。

漫画『築地魚河岸三代目』でも第一話で出世魚のことをテーマにしています。主人公の旬太郎が、勤めていた会社を辞めて嫁さんの実家である仲卸に入ったとき、そこの仲卸の義理のオヤジさんが、周りの人間に向かって、

「こいつはまだモジャコ（ブリの稚魚）で、この先どうなるか分からない。立派なブリになるかどうかも分からないが、それは、みんなでこいつを育ててやってくれ」

というのです。

そして、旬太郎は出世していって、最終的にオヤジさんが、

「こいつも立派なブリになったなあ」

といって、終わるんです。そんな話でした。

出世魚には、たとえばブリの場合、何センチになったらイナダ、何センチ以上はワラサといった基準が明確に決まっているわけではありません。

ですから、大体の目安でいうと、ワカシというとせいぜい一キロ以内のもので、一キロを超えて三キロぐらいのまではイナダといい、三キロから五、六キロのものはワラサといい、七キロ以上はブリといいます。

それを考えると、魚って日本人の細やかさを表していて、やっぱりすごいなと思います。

魚の美味しさを知ってほしい

昔から見れば、日本では人口は増えても、魚を食べる人は増えていないと思います。特に若い人たちの魚離れは、とても大きな問題です。

それには、いろいろな原因があるでしょうが、一つには、女性が忙しくなって家庭で料理をすることがなかなかできづらくなってきたということが挙げられます。

二つ目には、家族全員が一緒に食事を取るということがなくなって、そうなると、魚料理というのは一度に作らないとなかなかうまくいかず、その都度となると面倒くさいので、なかなかやってもらえなくなるのです。

そうした中で、今どきの若いお母さんたちは、自分自身も家であまり魚を食べてこなかったから、今度は自分の子供にも魚を出すことをしなくなってます。

おそらく、そうした悪循環がずっと続いているのです。

たしかに、魚は骨があるので、どうしても敬遠されがちです。若いお母さんたちにしてみれば、自分が魚を食べてこなかったので、切り身になっていても、どこにどういうふうに骨が入っているのかが分かりません。

そうすると、自分が分からないからといって、子供にも食べさせたくないと思ってしまいます。それに、もし、骨がのどに刺さったらどうしようと、そんなことを心配するお母さんもいます。

でも、子供に普通にアジを丸ごと焼いて出したら、一回骨が刺さって泣いたとしても、美味しければ、また喜んで食べるのです。前に食べたとき、ここに骨があったからと、次は注意して食べるようになります。子供は子供なりにちゃんと学習して、きれいに食べるようになるのです。

僕は、子供たちの魚離れを解消するためには、小学校や中学校の毎日の給食に焼き魚や煮魚を出すことがますます大事になってくると思っています。

第四章　築地の流儀と心意気

築地町会

アメリカから帰ってきて築地で働き始めた僕に対して、オヤジは最初から何一つ仕事を教えようとはしませんでした。

おそらくオヤジは、仕事は教わるものではなく、見て覚えるものだという、そんな信念を持っていたからでしょう。死ぬまで一度も、オヤジから何かを教えてもらったということはなかったと記憶しています。

ちなみに、オヤジは、ひたすら頑固な江戸っ子でした。僕が結婚して佃島のマンションに住むようになったときも、カミさんのことは気に入っていて本当は行きたいと思っていたはずなのに、

「佃島なんて川向こうに行けるか」

といい張って、結局一度も訪ねてくることはありませんでした。

そんなオヤジが、僕にいったことがあります。それは、

「町会の青年部に入れ」

ということでした。

当時、オヤジは町会の副会長や組合の役員などさまざまな役職に就いていて、地元のいろいろな行事には毎回欠かさず積極的に参加していました。

日ごろから地元築地への愛がすごくて、死ぬときに遺言というわけではありませんが、僕に向かって、

「地元に貢献しろ」

というようなことをいっていたほどの人でした。

ですから、そんなオヤジに子供のころから育てられて、僕自身も築地が大好きでしたから、何の抵抗もなくいわれるままに青年部に入りました。

すると、そこには付き合いこそなかったものの、小さいときからの顔見知りの、市場で働いている先輩が何人もいて、右も左も分からない二十歳《はたち》そこそこの僕に、仕事のことや市場のこと、仲卸人《なかおろしにん》との付き合い方、築地のしきたりなどを、折につけて懇切丁寧に教えてくれました。

僕が築地で働いていく上で、そのときに習ったさまざまなことが、その後、役に立ったことはいうまでもありません。

築地の人間関係は一言でいえば、体育会そのものです。

上下関係はきわめて厳格で、年功序列がはっきりしています。目上の人に対しては、絶対に敬語を使って話しますし、いわれたことに逆らうことはできません。それは家でも同じです。親へのタメ口などあり得ないことです。

その代わり、上の人間の、下の人間に対する面倒見のよさは半端ではなく、たとえば、一緒に飲み食いしたときには、必ず先輩が余計に払ったり、全部払うことが当たり前になっています。

ですから、若いころには僕もずいぶん奢《おご》ってもらいましたが、こっちが上になったときには、当然のように、僕が払っていました。それは昔からの築地の暗黙のしきたりで、何の疑問もなく、当然そういうものだと思っていたからです。

ほかの業界では、そこでの経験が一日でも長ければ、たとえ年齢が下でも、先輩ということになるようです。しかし、築地では基準になるのはキャリアよりも年齢です。たとえ二十年築地にいようが、昨日入ってきた人が年上なら、その人を立てなくてはならないのです。

義理を大切に

築地で働く人間は、何よりも義理を大事にしています。他人から受けた恩義には、絶対に礼を尽くしてお返しします。それができない人間は、築地で生きていくことはできないでしょう。

市場で働いていたとき、お昼は組合が斡旋《あっせん》した仕出し弁当を取ったり、組合の食堂で作ったお弁当を配達してもらって食べたりしていました。

それに対して、近所のマグロ屋さんの中には、ご飯を炊いて、マグロの切れっ端でネギマ汁を作って優雅に食べたりしているお店もありました。あたりには、いい匂いが漂っていました。

それが何ともうらやましくて、僕が横目で見ていると、

「よかったら食べるかい？」

といって、分けてくれたりするのです。もちろん、ありがたくいただきます。

それはもうホントに美味しかった。

ただし、そうなると、もらいっ放しというわけにはいきませんから、翌日、僕は店の魚を持って、

「昨日はありがとうございました。今日、アジの美味しいのが入りましたから持ってきました」

といって、すぐにお礼に行くわけです。

そうやっているうちに、昼以外にも、

「今日、いいマグロの中落ちがあるから持っていけや」

と声がかかり、こっちも、

「今日のイワシ、美味しいですよ」

といって持っていきます。

昔はそうやって、あちこちのお店と「物々交換」をやっていたものです。

これはいまだからいえることですが、そのうちに僕もだんだんずるくなり、ずうずうしくもなってきて、今日はマグロが食べたいなあと思うと、先にこちらから魚を持っていったこともありました。そして、もちろん狙い通りに、おいしい

マグロをいただくことができました。

もしかしたら、僕の魂胆は、先方のマグロ屋さんには、すっかりバレていたのかもしれません。

それでも、おお、持っていけよと、いつも気持ちよく、美味しいマグロを分けてくれました。場内の付き合いというのはそういうものでした。

築地流

何よりも義理を大事にするのが築地のしきたりなら、「早食い」もまた、築地ならではの忘れてはいけない習慣といってもいいでしょう。

仲卸の人間たちは、朝、競《せ》りを終えると、日課のように場内の食堂で腹ごしらえをします。当然のことながら同じ時間帯にいっぺんに殺到しますから、お店は、どこもすぐに満席になってしまいます。

そんなとき、席をいつまでも独占して、のんびりと食べていてはいけません。それこそ、野暮というものです。

料理が出てきたらさっさと食べ、終わったらすぐに席を立つのが、昔からの築地のしきたりです。

毎朝のここでの早食いには、意味が二つあります。

一つは、席が空くのを待っている人に対する心遣い。一刻も早く席を譲ろうという気配りです。

そして、もう一つは、お店の人に対する気遣いです。

というのは、お店が混雑しているときに早く食べて次の人と交代すれば、席の回転率が上がり、売り上げも増えることになります。それは、お店の人がいちばん願っていることだからです。

「同じ商売人として、つねに相手が喜ぶこと、願っていることが何かを考えて、それをやらなきゃいけないよ」

僕は仲卸の先輩から、そのことを教えてもらいました。

さらにいえば、僕ら築地の人間の早食いには、もう一つ意味があります。

たとえパーティだろうが宴会だろうが、いつでも、どこでも、どんな状態で出されたとしても、築地の人間は料理を食べるのがめちゃくちゃ早いのです。まさに、あっという間です。

それは、料理は出された瞬間がもっともおいしいことを知っていて、そのときを逃さずに食べることが料理を作ってくれた人に対するいちばんの礼儀であり、そうすることを何よりも喜んでくれることが分かっているからです。

これもまた、食に携わる人間としての思いやりです。

築地付き合い

一般の社会に比べて、ご祝儀を出す機会が多いというのも、築地のしきたりの一つかもしれません。

たとえば、どこかに食事に行くと、お会計のときには、ご祝儀袋にいくらか包んで、ご主人か女将《おかみ》さんに、

「ごちそうさまでした。これで、皆さんで一杯飲んでください」

といって渡すことは、ごく普通にやることです。

それは、どちらかといえば女性陣の仕事です。オフクロやカミさんは、いつ、

どこでもご祝儀を出せるように、つねにバッグの中にご祝儀袋を入れて用意していました。

それでも、たまたまその日に限って何回もご祝儀袋を出さなくてはならなくて、ご祝儀袋を切らしてしまうこともあります。そのようなときにはティッシュに包んで、さり気なく渡します。

ご祝儀は海外のチップのようなもので、もてなしてくれたことに対する感謝の気持ちとして出していました。ですから、ご祝儀袋に入っているのは、そんなに大した金額ではありません。

温泉に行って旅館に泊まったときにも、仲居さんに心付けを渡しますが、そのときの金額は常識的にいって宿泊代の一割程度とされています。

それと同じで、料理屋さんに家族で食事に行ったときにも支払い総額の一割くらいを包んで渡す、そんな感じでやっています。

ただ、築地の場合、香典や祝い事に包むお金は、一般の社会に比べてやや高いような気もします。

たとえば、香典は連名で出す場合には、一人数千円ずつということが多い気がしますが、付き合いの度合いによっては数万円包む場合もありますし、お金以外に生花を出すこともあります。

結婚式の場合も一般の相場よりは、少し多いかもしれません。

仲卸時代、ウチの会社では、お正月は必ず従業員にお年玉をあげていました。これは年始の恒例で、大人になるとお年玉をもらうことはなかなかありませんから、従業員たちも楽しみにしていたようです。

初荷のとき、お客さんや同業者から会社に、今年もよろしくといって、ご祝儀が届きます。いろいろな人が持ってきてくださるので、全部を足すと十万円くらいと結構な額になります。

もし、従業員が二十人で、いただいたご祝儀が八万円だとしたら、会社がそれに二万円出して、一人五千円ずつお年玉を渡していました。

昔、スーパーとの取引をしていたころは元旦だけが休みで、二日からはいつものように仕事をしていました。

そのとき、仕事に出てきてくれた社員には、新年早々、ご苦労さんでしたといって、お年玉とは別に三千円か五千円くらいのご祝儀を出していました。それは、金額としては大したことはありませんが、正月にもかかわらず仕事をしてくれたことに対する感謝の気持ちとしてでした。

それから、初荷のときには社員だけではなく、取引先のトラックの運転手にも、

「今年もよろしく。これ、煙草《たばこ》代ね」

といって、二、三千円ぐらいのご祝儀を渡しておきます。

こういうことをこまめにやっておくと、あとが全然違うのです。

たとえば、荷物を引き取りに来てもらったとき、準備に手間取っていて用意ができていないこともあります。そんなとき、

「あと十五分ほどかかるんだ。悪いんだけど、ちょっと待っていてくれるかな」

といっても、相手に連絡を取ったりして、その辺の融通を利かせてくれたりするのです。

その意味でも、お金の使い方はとても大事だなと思います。

ちなみに、築地にとって初荷というのは、一つのイベントです。各業界で競り台に行って、競りが始まる前に業界の長と荷受けの代表が新年の挨拶をして、手

を締めてから初競りが始まります。

最後の競りのときもやっぱり手で締めてから終わります。けじめというか、新年と年末というものに関してはきちんとしなくてはいけないと、僕も小さいときから当たり前のようにいわれていました。

オヤジ流

オヤジも生きたお金の使い方を実践していました。僕に直接教えてくれたわけではありませんが、日々の生活の中で、オヤジのやり方を見ていて学びました。

以前、世の中では給与振込が当たり前になっていたのにもかかわらず、「堺静」では給料日になると、オヤジが従業員全員を事務所に呼んで、言葉を交わしながら一人一人に、現金の入った給料袋を渡していました。

おそらく、オヤジはそうすることで、お金のありがたみや商売の大切さを、従業員に教えようとしていたのでしょう。死ぬ三年ほど前に、銀行の担当者から説得されて、オヤジは泣く泣く手渡しを止《や》めて、振込に変えてしまいましたが、そのとき、とても残念そうな顔をしていました。

僕の結婚が決まったときも、オヤジのいう生きたお金の使い方というものを目《ま》の当たりにしました。

それは披露宴で出す料理の試食をしたときのことです。一緒に行ったオヤジは、料理長にご祝儀として三十万円の現金を渡したのです。

そのとき、オヤジが、料理長にご祝儀を用意していたことは分かっていたのですが、中身がいくらなのかは、まったく聞いていませんでした。

後になってから、三十万円包んだという事実を知って、あまりの金額の大きさにビックリしてしまった僕に向かって、オヤジが、いいました。

「いいか、よく考えてみろ。今度のお前の結婚式の招待客は全部で六百人だ。仮に一人二万円の料理を二万五千円にしようと思ったら、三百万円も違ってくる。それが、いまここで料理長に三十万円渡しておけば、料理長のさじ加減一つで、二万円の料理が二万五千円の料理になる。いや、場合によっちゃあ三万円の料理になるかもしれないぞ。だから、三十万はちっとも高くない。気持ちというのは、そういうもんだ。長いこと商売をやってきた俺には、それが分かる」

その言葉を聞いて、なるほど、そういうことかと僕は納得し、同時に感心してしまいました。

たしかに、披露宴当日、招待客に出された料理は素晴らしいもので、値段以上の内容だったといまでも思っています。

普段の生活でも、オヤジは生きたお金の使い方をさりげなく実践していました。日ごろ取引のある店にプライベートで行ったときに限って、会計のとき、オヤジが必ずいったのが、

「釣りはいらないよ」

という一言でした。

そして、もし、店の主人が気を遣ってほかのお客さんには出さないようなものを出してくれたとすると、翌日のその店への納品に何らかの「色を付ける」、すなわち魚の量や金額をサービスしたりするのです。

その際、金額の多寡《たか》はどうでもいいのです。ただ、お互いのそうした気配りがいわば潤滑油になって、商売がスムーズに進んでいくのです。

「サカシズのコーちゃん」

いまさらながらですが、僕の名前は小川貢一といいます。仲卸を廃業し、「千秋」という料理店をやるようになり、そして、ごく普通に小川さんと呼ばれることが今はもう当たり前になりました。

でも、それまでは、生まれてからずっと「サカシズのコーちゃん」というのが僕の定番の呼び名でした。サカシズというのは、すでにご紹介したように、仲卸の仕事をしていた僕の家の屋号「堺静」のことです。築地では人を呼ぶとき、「サカシズのコーちゃん」というように、名前の前に屋号をつけて呼ぶのが普通ですし、外で誰かに紹介されるときも、

「サカシズの長男の貢一さんです」

と、名字よりも屋号のほうが大事にされるのです。

いま思うと不思議ですが、当時はそういうものだと自然に考えていました。

そして、これが女性陣になると、もっとはっきりしています。何しろ、オフク

ロは「サカシズの女将さん」ですし、カミさんは「サカシズの嫁さん」ですから、名前すら必要なくなってくるのです。

しかし、それでいながら、もちろん、その人が、どこのどういう人なのかが相手にはしっかり伝わります。

つまり、築地の市場で商いをする人たちにとって、屋号というものはそれぐらい重たくて大事なものです。

そして、子供のころからごく普通に「サカシズのコーちゃん」と呼ばれていると、知らず知らずのうちに自然と、自分が家業を背負っているかのような、そんな気持ちにもなってくるのです。

僕が家業を継ぐとき、ほとんど抵抗もなく、すんなり入っていけたのも、こうしたことが多少なりとも影響していたのではないかと思います。築地でこうした呼び方が定着したのは、かなり昔からだそうです。まさか、そんな効果を狙っていたというわけではないでしょうが……。

僕は、男ばかり三人兄弟の長男として生まれました。次男は僕より三つ下、次男と三男も三つ違いです。

子供のころ、おじいさんが生きているときから、おじいさんにもオヤジにも、僕は長男ということがあってか、とても大事に育てられました。おそらく、二人とも僕が当然のように「堺静」の三代目を継ぐものだと思っていて、だからこそ、そういう態度で接していたのでしょう。

それでも、オヤジは、僕を決して甘やかしたりはしませんでした。いや、甘やかすどころか、僕へのしつけには、かなり厳しいものがありました。いまでは死語かもしれませんが、スパルタオヤジといってもいいかもしれません。

たとえば、二人の弟たちが何か悪さをして、オヤジやオフクロを怒らせると、僕は何もしていないのに、オヤジは決まって僕を呼びつけて、

「長男であるお前が、弟たちの面倒をちゃんと見ないからだ。お前が悪い」

といって叱り、弟たちには何一ついいません。それも、怒るときは、わざわざ弟たちの目の前でやるのです。

子供のときは、どうして何もしていない僕だけ叱られて、弟たちを叱らないのかと不満を感じてもいました。

しかし、大人になってみると、あれは、長男というものがどういうものなのかを弟たちに教えるための、オヤジなりのパフォーマンスだったのではないかと、そんなふうに理解するようになりました。

自分たちに代わって、オヤジから怒られている僕を見て、弟たちのほうも、長男というのはそういうもので、兄貴のいうことは絶対なんだと思ったのでしょう。知らず知らずのうちに、兄弟の間で主従関係ができ上がっていました。

ですから、食事のときもまずは僕が箸《はし》をつけ、好きなものを好きなだけ先に取るのが暗黙のルール。おやつもきっちり三等分ではなくて、僕の分が二人より多いのが長男の特権で、それに対して弟たちが文句をいうことはありませんでした。おそらく弟たちも、長男なんだから、それが当たり前だと思っていたのでしょう。

ただし、残念なことに、そんな力関係も子供のときだけ。現在はまったくなくなってしまいました。

銀座はご近所

銀座といえば、老舗店《しにせてん》や高級店など一流の店舗が軒を並べる、日本でいちばん格式の高い町の一つでしょう。普通の人なら休日によそいきの服を着て、わざわざお出かけする、そんなイメージの町です。

しかし、僕たち築地に生まれ育った人間にしてみれば、銀座は、ちょっと近所に買い物に行くみたいにサンダルをつっかけて、ふらっと足を運ぶところ。決してあらたまって「わざわざお出かけ」する場所ではありません。

何しろ、晴海《はるみ》通りの築地の交差点から歩くことわずか五分で、三越のある銀座のど真ん中、銀座四丁目の交差点に着いてしまうのですから、感覚的には、ほんのご近所といってもいい距離なのです。

ですから、僕は子供のころから短パンにゴムぞうりで銀座に行き、デパートの屋上で遊んだり、オモチャを買いに行ったりしました。それは僕だけではなく、築地の子供はみんなそうでした。

そして、子供たちばかりではなく、もちろん大人たちも、何かあれば銀座へというのは同じです。

男たちの会合や飲み会も、一次会は銀座の、どこかの仲卸のお店が魚を納めている取引先の料理屋が会場となり、二次会は誰かの知り合いのクラブへなだれ込むというのが、いつものお決まりのパターンです。いくら酔っぱらっても歩いて帰ってこられるのがいいのです。

創業何十年という周年記念のパーティや会長、社長の還暦祝い、跡取り息子の結婚式など、祝い事には、由緒ある老舗の場所を選ぶことが多く、会場が銀座のホテルになることは少なくありません。何しろ築地から近いので、必然的に候補にあがりやすいのです。

さらに、お中元やお歳暮を取り仕切る女将さんたちも、かつて魚市場のあった日本橋などのデパートや老舗店と並んで銀座のデパートを利用することも多くなります。ちょっとした手みやげを急いで用意する必要があるときなども同様です。

嫁に来たばかりのカミさんは、ある日、普段着のオヤジに、

「晩飯でも食いに行くか。ウチが取引している店があるんだ」

といわれて、軽い調子でついていったのです。

すると、そこが銀座の中でも格式の高いことで知られる老舗の超有名レストランだったので、ビックリしたといいます。

しかも、オヤジが、そこの支配人を相手に決して気取ることなく、築地の同業者と話をしているときとまったく同じような様子で世間話をしていたことにも驚いたらしいのですが、これぞまさしく、築地スタイルというものです。

築地の人間にしてみれば、銀座は特別な町でも何でもありません。何の気取りも気負いもいらない、単なる隣町の一つにすぎないのです。

市場は一つの町

築地の市場は、一つの小さな町だと思ってもいいでしょう。築地市場は魚の町だから、魚を扱っている店や、それに関係した会社しかないと思ったら、それは大きな間違いです。築地市場には、毎日の生活に必要な一通りの機能がすべて揃《そろ》っています。

診療所や歯科医があれば、床屋さんや美容室もありますし、信用金庫や都市銀行、郵便局もあれば、新聞社や図書館もあります。もちろん、食事をしたいと思えば飲食店もたくさんあります。

新鮮でおいしい魚を食べさせてくれる和食店だけではなく、洋食でも中華でも何でもOK。ジャンルは問いません。いいお店がたくさんあるので、選ぶのに迷ってしまうほどです。

さらに、築地市場厚生会館という誰でも利用できる宿泊施設もあって、そこの大浴場は普通の銭湯のように夕方からの営業ではなく、仕事を終えた人たちが入れるようにと、朝九時からオープンしているのが、いかにも築地らしいところです。

「あそこのお風呂には、魚のウロコがいっぱい落ちているんだ」

という、本当かウソかは分からない、笑い話のようなウワサもあります。入浴料も安くていいのですが、残念ながら市場関係者の男性しか利用できません。

また、厚生会館には体育館があって、僕も若いころは仲間たちとバスケットボールのチームを作って週一回練習をし、中央区の大会に出たりしていました。ただし、その厚生会館も豊洲への移転のため、十一月で営業を終了するらしいです。

ともあれ、場内には、ありとあらゆる施設や店があり、その昔は野球場やプー

ルまであったそうで、

「築地には何でもある。ないのは葬儀屋ぐらいだ」

といわれているほどです。

場内からすぐ近くには、日比谷線の築地駅と都営大江戸線の築地市場駅の二つの地下鉄の駅もあり、交通の便にも恵まれています。築地にいて、少なくとも毎日の生活に不便なことは何一つありません。

名店ぞろい

何でもある築地には、この店は築地にしかないだろうなというようなレアな専門店もたくさんあります。そして、その店のほとんどが創業五十年、六十年は当たり前、中には日本橋時代から百年近く続くという老舗も少なくありません。「八百金《やおきん》」（場内と場外に店舗）さんは、妻ものと京野菜の専門店です。明治二十三（一八九〇）年の創業ということですから、築地でも指折りの老舗中の老舗といってもいいでしょう。

妻ものとは、刺身や焼き魚などの料理を引き立てる葉っぱや花などのことを指し、芽ものということもあります。スーパーや料理屋さんには欠かせない素材ですが、店頭には妻ものだけでこんなにもたくさんの種類があるのかとびっくりしてしまうほど、さまざまな種類の妻ものが並んでいます。

「八百金」さん以外にも妻ものを扱っている専門店が場内、場外合わせて六、七軒もあるのは、全国でもおそらく築地以外にはないはずです。

こちらも明治四十三年の創業という老舗が「伊藤ウロコ」（場内に店舗）さん。魚河岸《うおがし》で働く人間にとってなくてはならない必須アイテムである長靴の専門店です。場内にも愛用者がたくさんいます。

いまでこそレインブーツのブームが起こり、若者向けのそうした専門店があちこちに増えてきましたが、伊藤ウロコさんは、そのずっと前から長靴一筋に商いを続けてきたのです。魚河岸で働く人間ではなくても、築地市場を歩き回るのに長靴は欠かせません。種類やサイズが豊富に揃っていますから、一度覗《のぞ》いてみてはいかがでしょう？

巻きすや市場かごなどプロが使う、ありとあらゆる調理器具が揃っているのが

「熊出屋山野井商店」（場外に店舗）さんです。

ここで扱っている道具は、どれも使いやすくて頑丈なものばかりです。基本的には業務用で、なかには一般の家庭では見かけないようなものもありますが、もちろん素人さんが家庭で使っても大丈夫。料理が楽しくなるかもしれません。

築地には、ほかにも魅力いっぱいのお店がまだまだあります。そんなお店を回って歩けるのも、また、自分なりのお気に入りのお店を見つけるのも築地の楽しさの一つといえるでしょう。

築地の組合

築地には、そこで働く人たちのための組合がいくつもあります。

かつて僕が働いていた仲卸業者の組合が「東京魚市場卸協同組合」、いわゆる「東卸《とうおろし》」で、昭和二十七（一九五二）年八月、仲卸業者の地位の確立や向上のために中小企業等協同組合法に基づく事業協同組合として設立され、代金の共同決済や水産物の共同保管などの事業をやっています。現在、六百八十一の事業所が加盟しています。

「東京魚市場買参《ばいさん》協同組合（買参組合）」、「東京魚商業協同組合（魚商）」などといった組合があり、組合ごとにさまざまな活動を行っています。

それ以外に、築地には業務関係の寄合や趣味の集まり、文化団体があり、それには○○会という名前が付けられています。たとえば、「魚河岸会」といった具合です。

多趣味な人だったオヤジも、山登りの会や俳句の集まりなどいくつもの会に入っていたようです。

そうした築地に絡む文化団体の中で、昭和二十六（一九五一）年発足という長い歴史を誇っているのが仲卸有志で組織されている文化団体「銀鱗会《ぎんりんかい》」です。

銀鱗会は築地の歴史や魚文化の意義を後世に伝えるために作られた会で、現在はＮＰＯ法人として、「魚勉強会」ほかのさまざまなイベントを開催しています。

また、昭和三十六年からは、それまで集めてきた築地魚河岸や魚に関する図書や資料を「銀鱗文庫」の名のもとに、一般への貸し出しも行っています。所蔵している図書の中には、ほかの図書館にはない、明治・大正期に出版された貴重なものも多数含まれているといいますから、まさに「築地図書館」といってもいい、文化の香りが漂う団体です。

銀鱗文庫は、場内の魚がし横丁の並びの棟の二階にあります。築地に興味を持った方、何か魚のことについて調べたい方は、ぜひ一度足を運んでみたらいいでしょう。飲み食いだけではない、もう一つの築地の顔が見えてくるはずですから。

威勢のよさ

遊ぶことが大好きで、お酒もばんばん飲むけれども、仕事は絶対に手を抜かずしっかりやる。

それが築地の仲卸人気質《かたぎ》です。

いまは草食男子が増えてきて、築地の人間もずいぶん大人しくなったようですが、僕が二十代のころは曲がったことが大嫌いで、正義感の強い人間が多かったので、ちょっとしたことでトラブルになってしまうことが少なくなかったようです。

当時は血気盛んな、少々気の荒い連中が結構たくさんいて、もともと市場は力仕事ですから腕力に自信を持っている人たちばかりでした。

ですから、ケンカの話もしょっちゅう耳にしていました。ときには、大きなマグロ包丁を振り回しての大立ち回りになったこともあったと聞いています。

とはいえ、ケンカで相手に大ケガをさせたということはめったになく、万が一、そんなことになったとしても、決して警察沙汰《ざた》にはしません。必ず中に入って止める役回りの人がいて、市場のことは市場でと、それなりにちゃんと収めていました。

若いころは、僕も血気盛んでケンカもありました。

でも、ケンカをしたおかげで、その後、それまで以上に親しくなったことも何度もありました。ずっと根に持っているよりも、お互いに衝突してパンパンとやっちゃったほうがいい。それが築地のケンカに持っている僕のイメージです。

かつての仲卸の仲間に話を聞くと、最近では市場でのケンカもすっかりなくなって、大きなマグロ包丁を振り回すようなことは皆無だし、昔のように飲み屋から仕事場に直行してくるような連中も、すっかりいなくなりました。少し寂しいような気がしないでもありませんが、それも時代の流れということかもしれません。

僕が築地で働くようになる前、一年間アメリカに行っていた話は第一章に書きました。その際、帰ってきたら家の仕事をするというのが、オヤジから出されたアメリカ行きの条件でした。

当時、僕のように築地の仲卸の家に生まれた長男は、ほとんど例外なく家業を継ぐことになりました。それは持って生まれた宿命のようなものでした。よほどのことがない限り、三代目となって築地で魚に囲まれて生きるのだと考えていました。

ただ、僕が仲卸だったころは、築地で働くとしても、高校や大学を卒業してすぐにという人はまずいませんでした。多くの場合、まずはほかの会社に就職し、そこで三、四年、一度は「他人の飯」を食ってから戻ってくるというのが一般的でした。

僕は、ほかの企業に就職したことはありませんが、就職するのは、やはり食品に関連する企業が多かったのです。そこで仕事の何たるかを学び、人間関係のあれこれを知り、さまざまなビジネス体験をしたうえに、場合によっては将来の伴侶を見つけて、築地に戻ってきてから改めて魚の勉強をするというケースが目立ちました。

逆に、築地に魚を卸している地方の水産会社ですと、跡取り息子を築地の大《おお》卸《おろし》か仲卸に就職させることが多かったようです。そうやって築地で仕事を覚え、人脈を作っておけば、将来役に立つと考えていたからでしょう。

僕がアメリカに行ったころは、まだ一ドルが三百円前後もした時代です。留学をする人間は珍しかったのですが、年々、そういう人も増えてきて、英語が堪能《たんのう》という仲卸人も結構いて（僕はすっかり忘れてしまいましたが）。観光で築地にやって来た外国人と談笑（もちろん英語で）している姿もちょくちょく見かけます。

その意味で、築地の国際化が年々進んでいるのです。

ただ、最近では、時代とともに仲卸の家に生まれたからといって、必ずしも跡を継いでいくということは減ってきたようです。

第五章　世界の築地に懸ける思い

世界の築地

平成二十八（二〇一六）年秋、僕は還暦という人生の節目を迎えました。

築地で生まれ育った僕が築地で働くようになって四十年。場内と場外の両方を体験し、いま、築地の市場としての終焉《しゅうえん》を見届けることになりましたが、この四十年は長いようで短い、本当にあっという間だったような気がします。思えば、長く築地と関わってきたものです。

しかし、そんな僕ではありますが、店からは退いてもリタイアをしようという気はもちろんまったくありません。大好きな魚や、わが故郷築地のために、やりたいことがまだまだ山のようにあるからです。

日本橋から移転して八十一年、築地は、その間ずっと日本の食を支え続けてきました。そのことは、日本全国でも築地にしかあり得ない強みであるでしょう。

築地は、ただ単に、ものを売るだけの場所ではありません。八十年以上も食のプロを相手に商売を続け、「日本一の台所」といわれた中で培われた文化と技を育ててきました。それこそが築地の大きな財産といってもいいでしょう。これを後世に伝えていくことは、僕たち築地に関わってきた人間の大きな使命だと思っています。

「NPO法人築地食のまちづくり協議会」では、この文化と技を「築技《つきわざ》」と名づけて、各店の築技を紹介する取り組みや食にまつわるセミナー、イベントなどを行うとともに、伝統を活《い》かした新しい築地を盛り上げていこうと考えています。

　そのため、築地の全店舗や買出し人を取り上げる「築技ポスター」の掲出、築地に本社を構える朝日新聞と築地がコラボレーションした「築地新聞」の無料配布、つきじ獅子祭《ししまつり》、築地本願寺納涼盆踊り大会、築地場外市場秋まつりといった地元の祭りとの連携、さらには、プロ、セミプロ、一般向けに料理のコツや食材選びのコツなどを教える「築技セミナー」の開催などにも積極的に取り組んでいるのです。

　そうした中、築地をいままで以上に盛り上げるため、十月十五日、場外市場地区内の駐車場跡地にオープンするのが、新たな市場施設「築地魚河岸《つきじうおがし》」です。

ここは、場内市場の移転先である豊洲が築地よりも距離的に遠くなったため、都心の飲食店関係者がいままでのように築地で日常的な買い物ができるようにと、中央区が建設するもので、そこには場内市場の仲卸約六十店舗が入居する予定で、引き続き築地で営業を行っていきます。

築地新市場の名称「築地魚河岸」は、中央区が名称を公募したところ、四百五十一点もの応募があり、厳正な審査の結果、決定したものです。

その選定理由は中央区のホームページによると、

「施設の所在地であり銀座や日本橋と並び本区内の著名な地名である〝築地〟と、魚市場の表現として一般的な〝魚河岸〟を合わせた名称で、施設の性格がわかりやすく表されています。築地市場移転後にあっても築地の活気とにぎわいを維持・継承する地域の中心的施設として相応《ふさわ》しい名称であることから選定しました」

とのことですが、昭和十（一九三五）年に日本橋の魚河岸から築地に移ってきたとき、築地市場という名前になって、なくなってしまった魚河岸という歴史的な名称が、新たな市場施設に復活したことは、僕ら築地の人間にはとても嬉《うれ》しいことでした。

築地の新しい魅力

「食のまち」としての築地のブランド力を維持し、築地のさらなるにぎわいを創出しようと、平成二十六（二〇一四）年十月、築地場外市場にオープンしたのが水産物の各産地の漁協、生産者、販売事業者が出店する水産物の産直市場「築地にっぽん漁港市場」です。

ここでは全国各地の珍しい地魚や朝どれの鮮魚などがより安く購入できると、お客さんに人気となっており、もちろん豊洲への移転後も市場は続きます。

現在ここに出店しているのは、全部で次の五店です。

●蟹倶楽部《かにくらぶ》

北海道漁港直送の活きたカニを中心にホタテ、ホッキ、キンキ、ウニなど北海道ならではの豊富で質の良いプロユースの魚介類をより安く提供しています。

●新潟中央水産市場

日本海の荒海で育った身の締まった新鮮な魚介類を新潟から毎日直送して販売しています。

また、新潟は古くから醸造の町といわれ、魚の味噌《みそ》漬けや新潟醤油《じょうゆ》を使った一夜干しイカ、魚を焼いた後、タレに漬け込んだ焼漬などいろいろな商品を扱っています。

●網代定置網《あじろていちあみ》

午前二時に出漁し、静岡県熱海《あたみ》市網代港で水揚げ・選別した後、自社便トラックで出発、午前六時ごろに店頭に並ぶ鮮魚は数時間前まで海で泳いでいたとびきり新鮮なものばかりです。

アジ、サバなどの大衆魚はもちろん、定置網ならではの多種多様な魚種、希少価値の高い魚など数十種類が店頭に並びます。

また、店内には活魚水槽を完備し、カワハギ、ヒラメ、イシダイ、マダイ、クエ、マゴチ、イサキ、スズキなど季節に応じた活魚を取り揃《そろ》えています。

●さかな屋　高知家《こうちけ》

黒潮香る海、緑豊かな山々、そして、清流四万十川《しまんとがわ》と仁淀川《によどがわ》が流れる、自然豊かな高知県。そこで獲《と》れる鮮魚はひじょうにおいしく、しかも、日本で生息している海産魚の約七〇パーセント以上がここにいるという魚種の豊富さが自慢です。

●ＪＦ長崎漁連　東京直売所

毎日、長崎県内の各漁港で水揚げされた新鮮な地元の魚が並びます。

オープン以来、ゴンアジ開き、スルメイカ一夜干し、塩サバ、カマス開き、若イカ輪切り、長崎産地ダコ、シメサバ、水イカ一夜干し、キビナゴ唐揚げ用、シメアジなどといった長崎県産直の新鮮な鮮魚と産地色豊かな加工品が揃っています。

まだ行ったことのない方は、ぜひ足を運んでみてください。

「ＴＳＵＫＩＪＩ　食まちスタジオ」

築地場外の食文化の普及を目的として、波除《なみよけ》通りの「ぷらっと築地」の二階に平成二十五（二〇一三）年十一月、開設されたのが「ＴＳＵＫＩＪＩ　食まちスタジオ」です。

築地で初めてのオープンキッチンを完備したこのスタジオでは、ＮＰＯ法人築地食のまちづくり協議会が主催する、一般の人や親子、あるいは、プロやセミプロを対象とした食に関するさまざまなセミナーを定期的に開催しています。

セミナーの内容は、魚の選び方やさばき方といった魚に関係することはもちろん、調理道具の使い方や定置網漁のやり方、おいしい出汁《だし》の取り方などバラエティ豊か。いずれのセミナーも、場外のお店の人間がテーマに合わせて講師になります。

それぞれの専門家が懇切丁寧に教えてくれるとあって、毎回すぐに満員になってしまうほどの人気になっています。

「ＴＳＵＫＩＪＩ　食まちスタジオ」は、魚を食べたり、買ったりするだけが築地の魅力ではないことを、築地にやって来た皆さんにお伝えする大切な役割を持った施設だと考えています。

開催するセミナーの情報は、築地場外市場のホームページに常時アップされていますので、確認してみてください。

僕の夢

築地の将来に向けての夢のほかに、僕自身が、ぜひとも実現したいことがいくつかあります。

その一つが、僕が監修していた漫画『築地魚河岸三代目』を翻訳して海外の方にも読んでもらいたいということです。それは、日本の誇るべき食文化である魚食文化について、一人でも多くの海外の人たちに知ってほしいと願っているからです。

最近、築地には外国人が目立って多くなりました。それだけ魚や日本の魚食文化に興味を持つ人が増えてきたのでしょうが、翻訳した漫画を読んでもらうことによって、彼らに魚のこと、日本の魚食文化のことをもっとちゃんと分かってもらえるのではないかと思っています。

そのためにも、僕は、外国の皆さんに魚の名前を英語名ではなく、ぜひとも日本名で覚えてほしいと考えています。マグロはツナではなく、あくまでもマグロです。そして、できれば、クロマグロ、ミナミマグロ、メバチマグロ、キハダマグロといってもらいたいのです。

というのは、魚の名前がちゃんと分かっていないと、日本の魚食文化の素晴らしさを伝えることができないからです。

その意味で、最近、寿司屋《すしや》に行くと、魚の日本名をローマ字表記したポスターが張ってあったり、メニューが用意されているところが増えてきました。それはとてもいいことです。そうやって、少しでも魚の日本名に親しんでほしいです。

もし、あの漫画が英語になったとしたら、魚名に関しては英語名ではなくて、日本語でそのまま出してもらいたいと思っています。そして、たとえばブリだったら、欄外に注意書きを設けて、そこにイエローテールとか何とか書いて説明はしますが、漫画の中の文章では、ブリは“buri”と日本語で書いてほしいなと思っています。

もちろん実現できるかどうかはまったくの未知数です。でも、いつかは叶《かな》えたい大きな夢です。

豊洲市場のオープンは平成二十八（二〇一六）年十一月七日の予定です。

そのため、現在の築地市場は十一月二日で営業を終了し、三日から六日までの四日間ですべての移転を完了しようと計画しています。

しかし、この四日間で、はたして移転が無事に終わるのかどうか、そのことに僕は不安を感じています。

というのも、これまで四、五年に一度、場内の移転は行ってきましたが、市場そのものが移るということは、日本橋から築地に移ってきた昭和十年以来の、まさに想像を絶する一大事業になるわけです。

ですから、実際にやってみなければ、何が起こるか分からないことも多々あるからです。日本全国で見ても、いままでにこれほど大掛かりな施設の移転は、一度としてなかったのではないでしょうか？

とにかく、何事もなく無事に終了してほしいと願うばかりです。

いずれにしても、オープンからしばらくは、いろいろと混乱したりすることがありそうです。それでも大きなトラブルもなく、なるべく早く日本の新しい台所として機能することを心から祈っています。

豊洲移転

これから、東京都中央卸売市場築地市場は江東区《こうとうく》豊洲に移転します。それは紛れもない事実です。

しかし、移転を直前に控えて、僕には心配なことがいくつかあります。

その一つが、築地そのものがなくなってしまうと思い込んでいる人が、想像以上に多いということです。

正確にいいますと、今回の移転は東京都が足立《あだち》、世田谷《せたがや》、葛西《かさい》など都内十一カ所に設置している中央卸売市場のうちの一つ、築地市場が豊洲へ移転するということです。

つまり、これまで競りが行われてきた場内と呼ばれる場所だけが豊洲に移るということであり、皆さんが食事や買い物を楽しんできた場外は、いままで通り、築地にそのまま残ることになっているのです。

ところが、一般の方々は築地の場外と場内の区別がついていないために、築地そのものがそっくり豊洲に移転して築地という町がなくなってしまうと思い込んでおられる人が少なくないようです。

というのも、移転が近くなって、築地を取り上げるテレビ番組が以前にも増して多くなってきたのですが、レポーターが紹介するのは場外にあるお店ばかり。それで、

「もうすぐ豊洲に移転して、築地はなくなっちゃうんですね」

といった感じのコメントが入ると、映像のインパクトは強いので、番組を見ている人は、どうしても場外がなくなると思ってしまうのです。

僕は、その辺のところを、メディアにもきちんと理解していただいて、誤解のないよう正確に伝えてもらいたいと、つねづね思っています。

築地の場外がなくなることは決してありません。これから先五十年も百年も、ずっと変わらずに続いていくのですから。

いよいよ魚市場が築地から移転し、世界の築地も大きな転換期を迎えることとなりました。

移転に伴う余波はいろいろあるでしょうが、築地で生まれ育ってきた僕としては、将来の築地もいままで以上に繁栄してもらいたいと思いますし、この八十年間培ってきた築地ブランドを、これから先、若い人たちにどういうふうに継承していくかがとても大事ですから、それをいろいろな形でお手伝いできればと考えています。

その中で、僕がいま興味を持っているのは築地の歴史です。

明治元（一八六八）年、日本で初めてのホテル「築地ホテル館」が築地に建てられました。何でも市場に隣接している立体駐車場のあたりにあったそうで、いまの清水建設の前身である清水屋が作りましたが、わずか四年で火事のためになくなってしまいました。

その築地ホテル館にフランスからやって来たシェフのルイ・ベギューが後の上野精養軒や横浜のグランドホテルの料理長をつとめた、いわゆる日本のフレンチの親といえる人なのです。

また、小山内《おさない》薫《かおる》らによって大正十三（一九二四）年に開設された、日本初の新劇の常設劇場「築地小劇場」もありました。

さらに時代をさかのぼれば、もともと築地の一角には、小田原町という町がありました。僕が生まれ育った町です。

つまり、江戸末期から明治維新にいたる日本において、食や文化に関してのパイオニア的な存在が築地なのです。

こうやってみてきますと、築地は本当に面白いところですし、文化の香りのする町なのです。

だからこそ、僕は、

「いままでのように築地＝魚の町というだけではダメだ、そこに文化と歴史を加えて、これからは、それをもっとアピールしていくべきだ」

と思っています。

これは、とんでもなく壮大な、夢のようなプロジェクトではありますが、僕はいつの日にか、築地ホテル館の復活ができればいいなと密《ひそ》かに思っています。

清水建設の話によると、当時の図面も残っていて、現在の技術を使えば、かつてあったそのままの姿で復元することは十分可能なようです。

しかし、いざやるとなったら、莫大《ばくだい》なお金がかかる一大事業になるでしょう。

それだけに、この築地全体を歴史的文化財として考え、国か東京都が音頭を取って、〝この事業に賛同する人間は集まれ〟とやればいいのではないかと、僕は、そんなふうに考えています。

たとえば、新たに誕生する築地ホテル館は、外国人のＶＩＰでも泊まれるようなグレードの高いホテルにして、その経営や運営はホテルオークラとか帝国ホテルに委託してやってもらってもいいじゃないですか？　そんな例は、全国のあちこちにありますから。決して不可能ではないと思います。

さらに、いま、東京都の港湾部かどこかでは、隅田川の岸壁のところのいちばん築地よりのところにフィッシャーマンズワーフのような観光スポットを作ろうという構想を考えているらしいのです。

それは、とても夢のある、素晴らしいことです。

もし、それが本当に実現するのであれば、そこに、たとえば、築地漁港のようなものを作ります。

そして毎朝、館山から城ヶ島までの、いわゆる東京湾の江戸前の漁港から新鮮な魚を水揚げさせて、お客さんにそこで、おいしい魚を食べてもらえるような、そんな楽しいことだってできるようになるのではないかと思うのです。考えただけでもワクワクしてくるではないですか？

これから五十年先、百年先まで築地が残っていくためには、何か違った視点から新たな築地の魅力をアピールしていかなくてはならないのです。僕は、心の底からそう思っています。

築地本願寺

築地市場の隣りにある築地本願寺は大切な存在だと思っています。

いま、築地本願寺では毎年、場外の有志が一緒になって企画し、境内で実施する夏の盆踊り大会を行っています。

その盆踊りは、「日本一おいしい盆踊り」だと僕は思います。

というのは、会場となる築地本願寺の境内には、毎年、食べ物の屋台が約二十店出ているのですが、そこには、松露《しょうろ》さんの玉子焼きサンドなど人気店の一押し商品のほかに、普段は素材を売っている場外市場の各名店、たとえば、近江屋《おうみや》牛肉店さんがステーキを提供しているように、そのときだけ特別に調理をして出しているからです。

そのため、毎年三〜四日間の開催期間中には、地元の人間はもちろん外国人観光客も含めて約三万人が訪れるという真夏の人気イベントになっています。

そもそも海だったところを埋め立てて、築地という新しい町ができるきっかけになったのが築地本願寺の移転でした。

あの一風変わったユニークなインド様式の寺院というのも、ほかにはない築地のランドマークの一つであり、とても貴重な文化遺産だと思っています。

これからの築地にとって、いままでにも増して絶対に必要な存在として、共存していくために知恵をしぼらなければならないと思っています。

魚に対する想い

長年、僕は魚に携わってきました。そして間違いなく、残りの人生も魚とずっと関わっていくことでしょう。僕と魚は、切っても切れない深い関係にあるからです。

そんな僕は、ちょっとオーバーないい方かもしれませんが、日本の魚食文化のために、これからの僕の残された人生を捧《ささ》げたいと思っています。

和食が無形文化遺産になって以来、和食に興味を持ち、勉強する外国人が増えてきました。世界に誇れる貴重な文化といってもいい和食が注目を集めるということは、それに関わってきた僕にも嬉しいことです。

ただ、一つだけ僕が残念に思っていることがあります。

それは、肝心要《かなめ》の当の日本人が、昔に比べてあまりにも魚のことを知らなすぎるということです。知らないから、きちんとした魚の食べ方も分からなければ、魚料理の作り方も分からない。僕からすれば、これで将来、大丈夫なのかと心配にならざるを得ないような状況が生まれてきているのです。

こうした傾向は、特に十代二十代の若者に顕著であるような気がしています。それは、ある面でいえば仕方がないことであって、彼らの母親である三十代四十代が、そもそも最初の「魚離れ世代」だと思うからです。

このあたりの世代から家庭で魚料理、中でも焼き魚や煮魚を食べることが極端に少なくなり、

「骨のない刺身は食べられるけど、骨のある焼き魚や煮魚は食べられない」

という、そんな若者が珍しくなくなってきたのです。昔だったら、とても考えられない事態です。

もちろん、そんな若者の中にも魚の魅力を知り、調理人として魚と関わっていきたいと考える人もいます。

ところが、そこにも問題があります。

調理人の世界というのは、いわば親方と弟子という昔ながらの関係が根強く残る世界です。若いころの僕がそうだったように、オヤジは何一つ教えてくれず、僕はオヤジのやることを見て、そこから仕事の何たるかを少しずつ学んでいきま

した。

いくら時代が進んでも、調理人の世界は、基本的にはいまでも同じです。ところが、いまどきの若者たちは、直接手を取るように教えてもらいたいと思っている人がほとんどで、昔ながらの「無言の教え」を受け入れられない人ばかりになっています。

ですから、せっかくやる気はあっても、どうやって学んでいいのかが分からず、結局のところ、道半ばで挫折《ざせつ》してしまうということにもなりかねないのです。そうやって辞めていった若者を、僕はこれまでに何十人と見てきています。

どんな業界であっても、次代を担う若い力を育てていくことは、何よりも大切なことです。それだけに、魚を取り巻くこうした状況を一日も早く改善していかなくてはならないと、僕は痛切に感じています。

さらに、僕が懸念しているのは、魚に対して消費者の皆さんが求めていることと、生産者が売りたいと思っているものには大きなズレがあるということです。

しかも、その両者の間に立って、お互いの気持ちを理解したうえで、適切な提案ができる人間がほとんどいないので、いつまで経《た》ってもそのズレが埋まらず、消費者も生産者も不満を解消できずにいます。

僕は魚の流通の分野で二十七年仕事をし、その後、飲食の分野に転じて、十二年を過ごしてきました。その間、多くのことを学び、また同時に、とんでもない失敗も数多くしでかしてきました。

ですから、それぞれの立場から僕なりの知識や経験を後進に伝えていければと思っています。それが僕を育ててくれた魚たちへの恩返しになると、僕はそう信じています。

店を退いた今、さらに広い視野で「魚の達人」としての役割を国内で、そして海外でも担っていきたいと強く思っています。

《参考文献》

小川貢一著「築地魚河岸三代目　小川貢一の魚河岸クッキング・レシピ」小学館刊
小川貢一著「プロが教える魚のさばき方と魚料理」翔泳社刊
小川貢一著「築地のプロが教える本当に美味しい魚の見極め方」彩図社刊
小川貢一著「築地『魚河岸三代目 千秋』店主・小川貢一のおさかな食堂」世界文化社刊
平野文著「築地市場のさかなかな?」朝日新聞社刊
平野文著「築地魚河岸　嫁ヨメ日記」小学館刊
BURA築地推進委員会著「BURA築地　おいしい、たのしい、おもしろい。この街、スゴすぎ」日本文芸社刊

本書は、集英社文庫のために書き下ろされた作品です。

口絵デザイン　木村典子

集英社文庫

築地《つきじ》 魚《さかな》の達人《たつじん》 魚河岸三代目《うおがしさんだいめ》

2016年9月25日 第1刷　　定価はカバーに表示してあります。

著　者　小川貢一《おがわこういち》

発行者　村田登志江

発行所　株式会社 集英社
東京都千代田区一ツ橋2-5-10　〒101-8050
電話　【編集部】03-3230-6095
【読者係】03-3230-6080
【販売部】03-3230-6393（書店専用）

印　刷　大日本印刷株式会社

製　本　ナショナル製本協同組合

フォーマットデザイン　アリヤマデザインストア　　マークデザイン　居山浩二

ISBN978-4-08-745497-0 C0195